GRAY HENRY
SUSANNAH MARRIOTT

PERLEN DES GLAUBENS

GRAY HENRY
SUSANNAH MARRIOTT

PERLEN DES GLAUBENS

WEGE ZU MEDITATION UND SPIRITUALITÄT:
ROSENKRÄNZE, GEBETSKETTEN UND HEILIGE WORTE

Aus dem Englischen
von Zoe Weller

KAILASH

Die Originalausgabe erschien 2002 bei Carroll & Brown Ltd.,
20 Lonsdale Road, Queens Park, London NW6 6RD, Great Britain.

Bibliografie Information Der Deutschen Bibliothek:
Die Deutsche Bibliothek verzeichnet diese Publikation in der Deutschen
Nationalbibliografie; detaillierte bibliografische Daten sind im Internet
über http://dnb.ddb.de abrufbar.

Produktion: RALI, Bilbao, Spain
Satz: EDV-Fotosatz Huber/Verlagsservice G. Pfeifer, Germering
Druck: Ajanta, New Delhi
Printed in India
ISBN 3-7205-2381-0

INHALT

VORWORT

In den großen Weltreligionen ist das Zählen von Gebetsperlen eine Form des Betens. Auf der ganzen Welt lassen Hindus, Buddhisten, Muslime, orthodoxe und katholische Christen die Perlen und Knoten der Gebetsketten und -schnüre durch ihre Finger gleiten, während sie zur Lobpreisung Gottes heilige Namen oder *Mantras* aufsagen. Fromme Juden versichern sich der heiligen Worte mit Hilfe von Gebetsriemen, die sie um den Körper legen.

In allen Religionen dient das Wiederholen von Andachtsformeln der Verankerung von Gedanken in der Seele. Eine Reise nach innen, zu Gott, hilft bei der Wiederfindung des angeborenen Göttlichen.

GESCHENKE GOTTES

In vielen Traditionen spricht man den Gebetsketten wunderbare Ursprünge zu. Katholiken erzählen, wie die Jungfrau Maria dem heiligen Dominikus im frühen 13. Jahrhundert den Rosenkranz enthüllte und ihn die Gläubigen lehren hieß. In den letzten zwei Jahrhunderten haben erneute Marienerscheinungen diesen Zusammenhang noch bekräftigt. Auf Feldern in Tibet fand man *Dzi*, Buddha-Augen, deren (ungeklärte) Herkunft als heilig gilt. Die Samenkügelchen, die nordamerikanische Indianer für ihre Ketten benützen, werden als Geschenke des Großen Geistes gesehen. Überall auf der Welt verehrt man die gleichen Materialien – Kristall, Bernstein, Rosenholz, Olivenkerne – als Glücksbringer, und verarbeitet sie zu Rosenkränzen. Der Strauch des heiligen Basilikums, *Tulsi*, den Hindus für ihre heiligen *Mala*-Perlen verwenden, soll, so sagt man wiederum in Griechenland, auf dem Grab Christi gewachsen sein.

GÖTTLICHE WORTE

Die spirituelle Kraft von Gebeten mit geweihten Gebetsketten entfaltet sich besonders stark, wenn man sie in alten, traditionell geistlichen Sprachen wie Sanskrit, Chinesisch, Arabisch oder in liturgischem Griechisch oder Latein rezitiert. Die jahrhundertelange Wiederholung der Gebete durch Heilige und Erleuchtete hat den Gebeten selbst eine Heiligkeit verliehen, die die Tore zum Reich des Göttlichen öffnet. Das Rezitieren des Sanskrit-Wortes *Om* etwa soll den Gläubigen in eine Resonanz mit dem ganzen Universum versetzen. Auf bemerkenswerte Weise ähneln sich die Absichten beim Gebrauch von Gebetsketten über die unterschiedlichen Kulturen hinweg: Sich Gottes Worte im Herzen einzuprägen ermöglicht ein »Gebet ohne Unterlass«, in direkter und stetiger innerer Gegenwart Gottes. Dieses Bestreben ist den Stämmen der Sioux und Cheyenne, den orthodoxen Mönchen wie den Sufis gemeinsam. In vielen Religionen sendet man mit Gebetsketten Segnungen an alle Lebewesen aus – sei es bei bestimmten buddhistischen Meditationen oder in Zeremonien der Crow- oder Huichol-Indianer Nordamerikas mit heiligen, perlengeschmückten Objekten.

EINE LEBENDIGE TRADITION

Im vorliegenden Buch wird ein Blick auf die Gebetsketten-Traditionen der großen Religionen geworfen, auf die Geschichte dieser »Perlen des Glaubens«, die zeitlosen Rituale sowie die Worte, die man dabei rezitiert.

Ferner wird eine Auswahl an wunderbaren Farbfotos mit Gebetsketten aller Art und ihrem Gebrauch in unterschiedlichen Kulturen geboten: von tibetischem Bernstein bis zu italienischen Korallen, von duftenden Perlen aus gepressten Rosenblütenblättern bis zu türkischen Seidenquasten. Der Darstellung jeder Glaubenstradition ist mindestens ein einfaches *Mantra* oder ein Gebet beigefügt, das Sie ausprobieren können. Anhänger jedes Glaubens – aber auch »Ungläubige« – können nur an spiritueller Einsicht gewinnen, wenn sie etwas über bestimmte Andachtsformen erfahren, wie beispielsweise über das tief empfundene Jesusgebet der orthodoxen Christen, den *Om*-Gesang der Hindus oder über das herzerwärmende Gebet von Muslimen, der schlichten 99-maligen Wiederholung der Namen Gottes.

Mögen die erhabenen Worte und schönen Gebetsketten Sie inspirieren!

V. Gray Henry *Susannah Marriott*

DER UNIVERSELLE ROSENKRANZ

GEBETSKETTEN SIND KEIN NEUES Phänomen, ihre Verwendung ist vielmehr archetypisch und in jeder großen Glaubenstradition zu Hause. Historisch betrachtet, hat man überall auf der Welt Rosenkränze bzw. Gebetsketten benutzt. In allen großen Weltreligionen dient das irdische Leben der Perfektionierung der Seele. Und in unterschiedlichen Religionen sehen Gläubige das Gebetsketten-Ritual als hilfreich auf ihrem Weg zu Selbstverwirklichung und Tugendhaftigkeit an. Alle geistlichen Traditionen halten den Menschen für von Geburt an göttlich. Religion hilft bei der Wiederherstellung dieses wahrhaftigen Zustandes – in allen Glaubensrichtungen dienen Rosenkränze im Besonderen diesem Ziel.

HEILIGE PERLEN

Ein Rosenkranz ist eine Schnur mit Perlen oder Knoten. Er hilft beim Zählen von rezitierten Gebeten oder der Wiederholungen göttlicher Namen. Obgleich Anzahl, Zusammenstellung und Material dieser Perlen von Tradition zu Tradition variieren, kann man viele der Ideen, die sie verkörpern, als universell bezeichnen. In welcher Glaubensrichtung sie auch zum Einsatz kommen – ein Innehalten beim Betasten einer Perle trägt zur Besinnung auf die wesentlichen Dinge bei. Im Englischen lässt sich die Bedeutung der »Perlen des Glaubens«, *prayer beads*, mit Hilfe der Etymologie des Wortes »bead« (Perle) verdeutlichen: Seine Wurzeln im Sanskrit, in *buddh*, verweisen auf Selbst-Verwirklichung – der Buddha als der Erleuchtete –, und das Verb *bidden* aus dem Sächsischen heißt so viel wie »beten«.

DER GARTEN DES GEBETS
Die Ableitung von Rosenkranz aus dem Wort »Rose« deutet auf eine interkulturelle Gemeinsamkeit, denn der Ausdruck hat eine indo-europäische Wurzel mit dem persischen *gul* gemeinsam. *Gulistan* bedeutet »Rosengarten«, wie das auch für das lateini-sche *rosarium* der Fall ist. Dieser Garten wird natürlich mit dem Garten Eden oder dem Paradies assoziiert.

Ähnlich einem stillen Kloster ist ein abgeschiedener Rosengarten ein kontemplativer Ort zum Ausruhen. Er dient der Erholung der Seele – gut geeignet für Selbstbesinnung, Gebet und Meditation. So wie man den irdischen Garten lange Zeit als Gegenstück bzw. göttliche Emanation des himmlischen Gartens wahrnahm, so wurde das menschliche Herz als Zentrum des inneren Himmlischen Königreichs gesehen. Persische Teppiche mit Darstellungen von *gul*-Medaillen oder »Rosen« sollen Gläubigen das Gefühl vermitteln, sie seien von einem Garten umgeben bzw. sie säßen mitten darin. Die immer wiederkehrenden gewebten Motive, so heißt es, tragen dazu bei, einen natürlichen Zustand der Kontemplation hervorzurufen.

Diese faszinierende Verbindung wird auch in dem arabischen Wort für Rosenkranz,

Vom 15. Jahrhundert an wurde die Rose ein Symbol für die Jungfrau Maria. In religiöser Kunst wurde Maria häufig in gartenähnlicher Umgebung dargestellt, wie hier in »Die Madonna im Garten« von Stefano da Verona.

»Suche die Einsamkeit und du wirst von selbst zu Gott finden.«

THERESIA VON AVILA (1515–82 n.Chr.)

wardiya, offenkundig, dem die Buchstaben w-r-d zugrunde liegen, wobei *ward* »Rose« heißt.

Im alten Semitisch, von dem das Hebräische, das Arabische und das Aramäische, die Sprache Jesu Christi, abstammen, führt *ward* linguistisch auf »Ort der Wässerung« zurück, andere Bedeutungen sind »blühen«, »eintreten«, »ankommen« oder »reisen nach«. In all diesen Wörtern hallt die Bedeutung von Gebeten wider, in denen Gläubige mittels Sprache und Bildhaftigkeit auf eine innere Reise zu einem höheren Bewusstseinszustand geleitet werden.

Mala, der Ausdruck der Buddhisten und Hindus für Gebetsketten, bezeichnet auch eine Blumengirlande. Eine der Bedeutungen von *japamala*, den täglich mit einer Gebetskette abgehaltenen Anrufungsgebeten, ist »Kranz aus Rosen« – vielleicht weil man Gebetsketten ursprünglich tatsächlich aus Blütenblättern herstellte. Auch katholische Rosenkränze wurden aus Rosenblütenblättern gepresst – und diese mittelalterliche Tradition hat bis zum heutigen Tag überlebt. Nur Rosenblütenblätter enthalten genug Öl zur Herstellung und Formung der Perlen.

DER HEILIGE KREIS

Die Blumengirlanden und der Ring aus Perlen schöpfen aus der Kraft des nicht endenden Kreises, wie man ihn auch aus Gebets*zyklen* unterschiedlicher Glaubenstraditionen kennt. Von den christlichen Kelten bis zu den nordamerikanischen Indianern haben Menschen verschiedener Religionen und in unterschiedlichen Zeitaltern Kreise als Orte mystischen Schutzes verehrt, Orte, die Menschen zur Abwehr von Gefahren zusammenführen. Der heilige Augustinus (354–430 n.Chr.) sagte: »Gott ist ein Kreis und sein Zentrum überall.« Der Kreis spiegelt auch das Zyklische in der Natur und in den »Jahreszeiten« des Menschen wider: Geburt, Leben, Tod und Wiedergeburt. Als weitere Eigenschaft des Rosenkranzes kann man anführen, wie man etwa im England des Mittelalters speziell *bedesmen* zu dem Zweck anstellte, für die Seelen von Verstorbenen zu beten, die allgemein mit einem Rosenkranz in der Hand beerdigt wurden: Bis zum heutigen Tag stehen Rosenkränze in enger Verbindung zu Tod und Erlösung.

Im Monastery of Gethsemane in Bardstown stellt Bruder René Richee Rosenkränze aus Rosenblütenblättern her. Die Blätter werden im Garten gesammelt, zu einer Paste gemahlen, von Hand zu kleinen Kugeln gerollt und einzeln auf einer Nadel aufgespießt getrocknet, bis sie schrumpfen und erhärten. Aufgefädelt ergeben sie einen Rosenkranz, der bis zu 50 Jahre lang den Duft der Rose bewahrt.

Eine goldene thailändische Buddha-statue, verziert mit einer Blumengirlande; sie dient als Erinnerung an die wortlose Blumenpredigt: Der Buddha predigte schweigend, indem er einfach nur eine Blume hochhielt. Dieses meditative Schweigen spiegelt die konzentrierte Stille abgeschiedener Rosengärten auch in anderen Religionen wider, jenseits von Raum und Zeit.

EINE REISE NACH INNEN

Wenn der Rosengarten das Himmlische Königreich symbolisiert, führt der Eingang durch das menschliche Herz. »Kenne dich selbst, [und] das himmlische Königreich liegt in dir«, lehren sowohl das Christentum als auch der Islam.

In diesem inneren Garten mit seinem zentralen Brunnen, der an die Quelle des ewigen Lebens aus dem Garten Eden erinnert, versucht der Gärtner oder Pilger, sein Herz gleichsam wie eine Kapelle für ein andauerndes Gebet und Loblied auf Gott einzurichten. Der heilige Augustinus predigte, dass das Leben nach dem Tod dem Lob Gottes gewidmet sein werde und dass es keine bessere Zeit als die Gegenwart gäbe, um sich darauf vorzubereiten: »Niemand kann für das spätere Leben bereit sein, der sich nicht jetzt schon darauf vorbereitet hat.«

STILLE FINDEN

Durch das Rezitieren von Gebeten und heiligen Namen mit den »Perlen des Glaubens« lässt man die durch Vernunft, Denken und auferlegte Glaubenssysteme begrenzte Welt hinter sich. Der Ring der Gebetsperlen bildet einen Schutzschild gegen die unaufhörlichen äußerlichen Bewegungen, er bindet körperliche Unruhe in regelmäßig sich wiederholende Berührungsmuster ein. Er beruhigt den verstörten Geist und gewährleistet einen Zustand der Einsamkeit und Versenkung als Voraussetzung für ein wirkungsvolles Gebet.

So wie der Geist mit jeder Perle heilige Worte in ein bescheidenes und offenes Herz füllt, so betritt man das Reich des reinen Seins, um Zeuge von Gottes Anwesenheit zu werden. Sollten Sie unruhig und voll Sorge sein, dann sprechen Sie bei jeder Perle einfach einen göttlichen Namen aus. Lassen Sie Ihr Bewusstsein in die Stille des Gartens Ihres Herzens eintauchen und bleiben Sie dort, einer bewegungslosen Flamme gleich, bis Sie eine tiefe Verbindung mit allen Dingen spüren.

»Die Wahrheit wohnt im Inneren des Menschen.«
AUGUSTINUS
(354–430 n.Chr.)

»Frieden kommt von innen. Suche ihn nicht draußen.«
BUDDHA
(563–483 v.Chr.)

EINEN HEILIGEN NAMEN RUFEN

Auf der Suche nach Selbsterkenntnis und innerer göttlicher Stille hat man beim Beten mit Gebetsperlen meistens göttliche Namen rezitiert. Die Kraft eines heiligen Namens erfüllt den, der ihn ausspricht, mit der Heiligkeit des Benannten. So war die namentliche Anrufung Gottes oder das Nennen eines seiner Attribute immer auch eine Methode der spirituellen Realisation.

BENENNUNG DES GÖTTLICHEN

Vom persischen Wort *wirds* kommen das deutsche *Wort*, das englische *word*, das gotische *waurd*, und, vielleicht am interessantesten, das litauische *vardus*, das »Name« bedeutet. Dieser Zusammenhang verweist darauf, dass das Wort für etwas im Wesentlichen dessen Name ist. Der spanische muslimische Heilige des frühen Mittelalters Ibn Arabi (1165–1240 n.Chr.) bezieht sich bezeichnenderweise mit folgender Offenbarungsmetapher auf Gottes alles durchdringende Präsenz: »Sein Prophet, Seine Botschaft ist Er, und Sein Wort ist Er. Er schickte Sich selbst, mit Sich selbst, zu Sich selbst.« Letztlich besteht kein Unterschied zwischen dem Sender, der Botschaft, dem Senden und dem Empfänger der Botschaft. Gottes Wort, oder *logos*, oder Name *ist* Gott, oder, zumindest, Sein Schatten.

Ein Name Gottes, offenbart durch Gottes Macht, auf legitime Weise durch eine geistliche Autorität verliehen und regelmäßig ausgesprochen, weiht den Altar im Tempel – oder das Herz des Gläubigen – stets aufs Neue. Ganz direkt wird so der Heilige Geist oder der verborgene Atem Gottes in einem selbst wiedererweckt.

Wird dem endlichen menschlichen Herz rhythmisch ein Göttlicher Name, Teil des Unendlichen und Ewigen, eingeprägt, kann das Herz nicht widerstehen und wird sich seiner gottähnlichen Essenz besinnen.

»Am Anfang war das Wort und das Wort war bei Gott, und das Wort war Gott.«
(JOHANNES, 1:1)

Detail eines nepalesischen *Mani*-Steins mit dem eingeschnitzten und aufgemalten buddhistischen Gesang *Om Mani Padme Hum* (Lotus-Mantra). Über das Singen heiliger Texte oder Wörter lernt man eine demütige Haltung oder nähert sich ihr zumindest an. Auf diese Weise lässt sich unser wesenhafter und uranfänglicher Zustand wieder herstellen, zumal wir nach dem Abbild Gottes geschaffen sind.

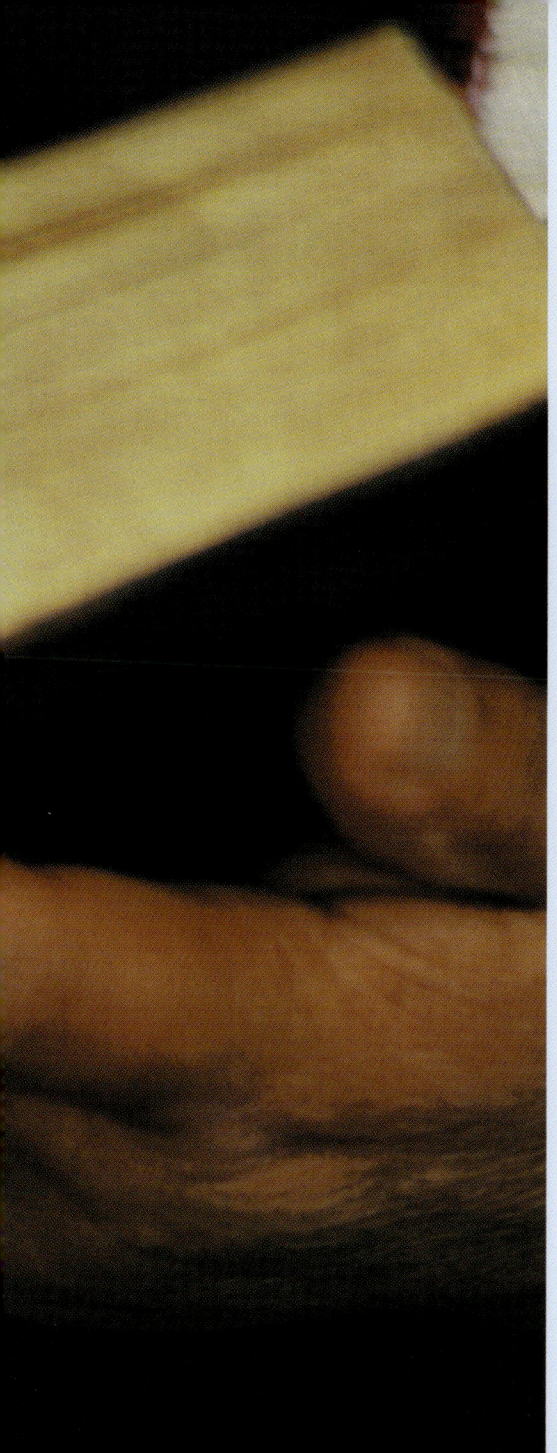

KATHOLISCHE ROSENKRÄNZE

SEIT DEM MITTELALTER SIND ROSENKRÄNZE in der römisch-katholischen Kirche ein wesentlicher Bestandteil beim Beten. Zunächst waren sie ein weithin bekanntes nützliches Hilfsmittel zum Zählen und Erinnern von Gebetszyklen gewesen. Im 12. Jahrhundert führte das Christentum als letzte der großen Religionen den Gebrauch von Gebetsketten ein, eine Entscheidung, die möglicherweise dem Kontakt zu Arabern während der Kreuzzüge oder im maurischen Spanien zu verdanken ist. Anderen Theorien zufolge wurden die »Gebets-Zähler« in Kirchengemeinden des Westens eingeführt, vielleicht wie in Irland als Reaktion auf das Problem des immer stärker anwachsenden Repertoires an Gebeten.

DIE RÖMISCH-KATHOLISCHE TRADITION DES GEBETS

Die Bezeichnung »Rosenkranz« bezieht sich sowohl auf die Wiederholung von Gebeten als auch auf die eigentliche Schnur mit Perlen, mit deren Hilfe man die Gebete rezitiert.

Den römisch-katholischen Rosenkranz betet man zur höheren Ehre Gottes, der Heiligen Jungfrau und zum Heil aller Seelen, einschließlich der eigenen.

Der Gläubige rezitiert mit Hilfe der Perlen, wie die Psalmen 150 an der Zahl, das Vaterunser, gefolgt von zehn Ave Maria. Auf diese Weise nimmt der Gläubige am Englischen Gruß Gabriels bei der Verkündigung an die Jungfrau Maria teil. Das apostolische Glaubensbekenntnis und die Doxologie bzw. Lobpreisung können auch mit anderen Perlen oder Medaillons gesprochen werden.

Zu bestimmten Wochentagen bzw. liturgischen Phasen im Jahr kann der Gläubige individuell auswählen, ob er sich beim Beten mit dem Rosenkranz in den freudenreichen, den schmerzhaften oder den glorreichen Rosenkranz bzw. die entsprechenden »Geheimnisse« versenken will, diesen wesentlichen Ereignissen im Leben Christi und der Heiligen Jungfrau.

ANLÄSSE ZUM GEBET
Rosenkränze sind ein tragbares Hilfsmittel für das Gebet, um Gott, wo auch immer man sich gerade befinden mag, zu preisen, ohne unbedingt eine heilige Messe besuchen zu müssen. So vermag der Betende ein wenig von der Hektik des modernen Alltags zu vergessen, aktiv über das Vorbild Jesu und der Jungfrau zu meditieren und im stillen Gebet einem gottgefälligen Zustand innerer Andacht nahe zu kommen.

»Wende dich ganz nach innen. Und suchst du einen höheren Ort, einen heiligen Ort, schaffe einen Tempel für Gott in dir selbst.«
AUGUSTINUS (354–430 n.Chr.)

UNTERSCHIEDLICHE ARTEN KATHOLISCHER ROSENKRÄNZE

Seine heutige Form nahm der Rosenkranz im 16. Jahrhundert an – unter dem Namen *paternoster*. Andere lateinische Ausdrücke für Gebetsketten wie *numeralia*, *computum* und *calculi* verweisen auf das Interesse an »Zählhilfen«. Die 150 Perlen des standardisierten katholischen Rosenkranzes sind in 15 Zehnergruppen, d. h. Reihen mit zehn Perlen, eingeteilt, die dem Benützer beim Beten der Gebote helfen. Im Allgemeinen wird jedoch ein Rosenkranz mit fünf Zehnergruppen (50 Perlen) verwendet. Ein Kranz kann auch aus einer anderen Anzahl von Perlen beste-

Ein regulärer katholischer Rosenkranz besteht aus 150 Ave-Maria-Perlen, 15 Paternoster bzw. Vaterunser-Perlen und fünf Perlen für die Eingangsgebete wie die Lobpreisung.

hen, etwa aus nur zehn Perlen. Lässt der Gläubige ihn allerdings um jeden Finger laufen, kann er ebenso auf 50 kommen.

VERSCHIEDENE PERLEN

Da Wesen und spirituelle Wirkung der katholischen Rosenkranzandacht von den Namen herrühren, die die Betenden ehren, ist es angemessen, dass die meisten Perlen auf dem Rosenkranz Ave-Maria-Perlen sind, zu Ehren der gebenedeiten Jungfrau und Mutter Gottes. Diese Standard-Perlen wechseln mit besonderen Perlen ab, die den Beginn des nächsten Gebets andeuten – etwa das Vaterunser –, sowie mit Medaillen und Kruzifixen. Die Perle am Anfang bzw. die Verbindung der Kranzenden ist die »Eintrittsperle«, die den Gebetszyklus eröffnet.

Über Jahrhunderte haben unterschiedliche Orden verschiedene Arten von Rosenkränzen zur Erleichterung des Betens unterschiedlicher Gebetskombinationen hervorgebracht. Der Rosenkranz des Birgittenordens etwa enthält sieben Vaterunser- und 63 Ave-Maria-Perlen, als Hinweis auf das Alter der Jungfrau. Man vergleiche diesen mit dem Franziskaner-Rosenkranz für Unsere Liebe Frau, dessen 72 Ave-Maria-Perlen ebenfalls auf ihr Alter verweisen. Dieser besteht ferner aus 33 Vaterunser-Perlen, mit denen Christi Jahre auf dieser Welt gefeiert werden, plus fünf Ave-Maria-Perlen, die seine fünf Wundmale darstellen sollen. In manchen Familien gibt es noch die langen, übergroßen Rosenkränze, mit denen sich jedes Familienmitglied gleichzeitig an den Rosenkranzgebeten beteiligen kann. Es ist ein Anliegen der katholischen Kirche des 21. Jahrhunderts, die Praxis des gemeinsamen Familiengebets zur Stärkung der römisch-katholischen Familie zu fördern.

HEILIGE MATERIALIEN

Im Laufe der Zeit haben sich aus der Volkstradition und den örtlichen Glaubensgemeinschaften immer mehr Bedeutungen und Schutzfunktionen ergeben, die mit Farbe, Form und Material verschiedener Edelsteine und anderer Materialien, aus denen Rosenkränze bestehen, verbunden werden. Um der Heiligkeit von Rosenkränzen noch mehr Gewicht zu verleihen, lassen Katholiken sie oft von einem Priester mit einem Gebet oder mit Weihwasser weihen.

DAS KRUZIFIX

Diese sichtbare Erinnerung an die Kreuzigung Christi kann aus einfachem Holz oder wertvollen Metallen bestehen. In früheren Zeiten bevorzugte man Elfenbeinkreuze, da die Farbe Weiß mit der moralischen Integrität der Jungfrau assoziiert wurde. Silber symbolisiert in der christlichen Tradition Reinheit und Keuschheit. Seine Tendenz, bei nachlässiger Behandlung anzulaufen, spiegelt auch wider, wie dringend die Frommen ihr Herz durch regelmäßige Andacht läutern sollten.

Olivenkerne oder Kugeln aus dem Holz von Olivenbäumen haben im Christentum eine lange historische Bedeutung, erinnern sie doch an die Versöhnung zwischen Gott und den Menschen nach der Sintflut. Im Griechischen haben die Wörter für »Olive« und »Gnade« die gleiche Wurzel. In Jerusalem erstandene Olivenrosenkränze beziehen sich z.B. auf Christus im Garten Gethsemane und sein Gebet auf dem Ölberg am Vorabend seiner Kreuzigung.

Rosen gelten als die einzigen Blumen, aus deren Blütenblättern man, dank des hohen Ölgehalts, Rosenkranzperlen formen kann. Bemerkenswert sind die vielfältigen symbo-

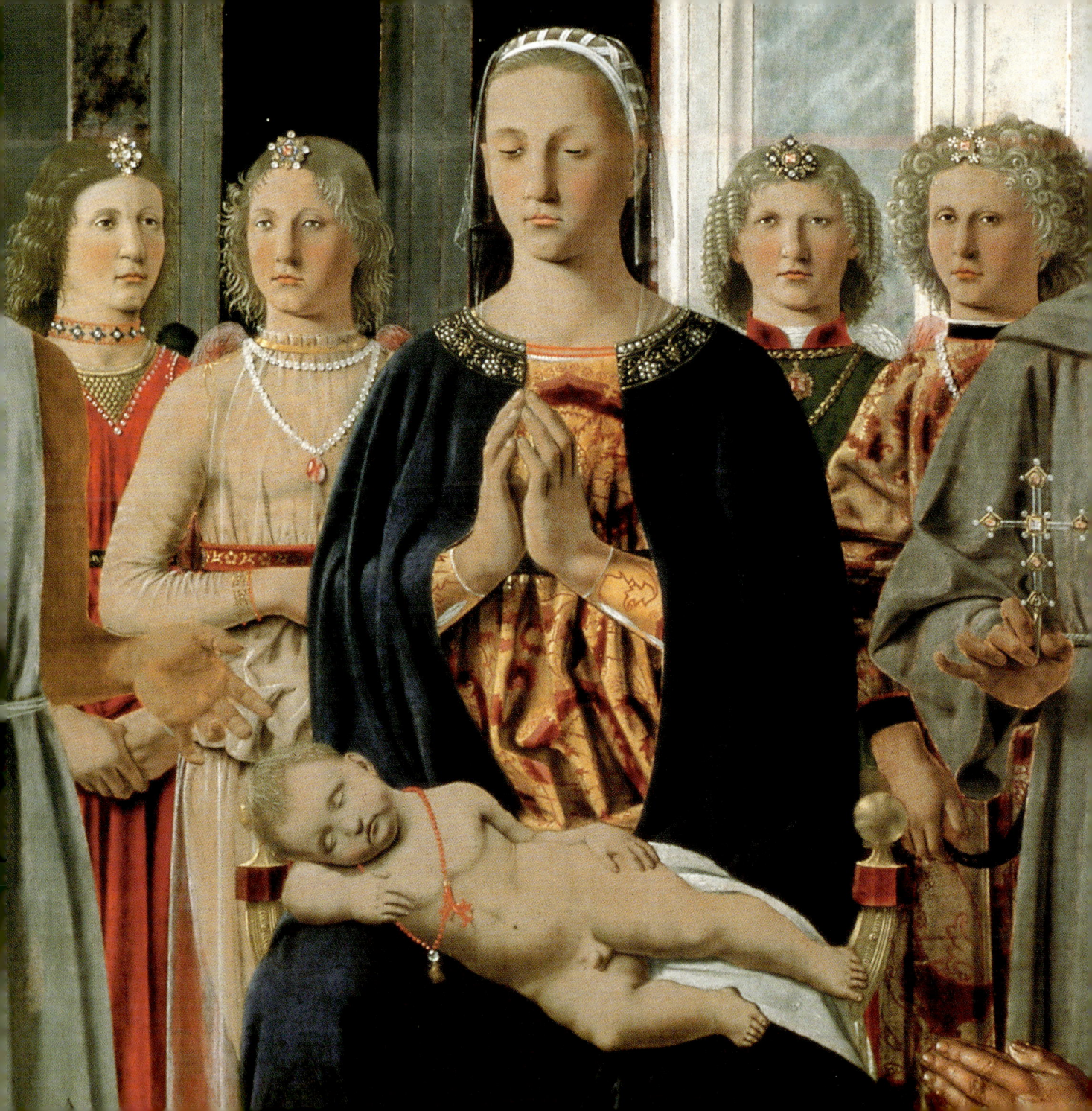

lischen Verbindungen der Rose mit der Jungfrau Maria.

Korallenperlen wurden seit dem Mittelalter wegen ihrer schützenden Kraft hoch geschätzt. Aus Korallen hergestellte Rosenkranzperlen sollen auch die Weisheit fördern.

Perlen gelten als natürliches Symbol von Perfektion und Reinheit, um so mehr, als sie sich aus einem wenig ansehnlichen Sandkorn entwickeln. Perlen stehen für Weisheit, nicht im Sinne von Intelligenz, sondern der *Hagia Sophia* – des heiligen Wissens.

Amethyste werden allgemein als die Steine der Frömmigkeit und der geistigen Ausgewogenheit angesehen. Die hervorstechende Farbe des Amethyst assoziiert man mit einem hohen Niveau an Spiritualität.

Topase waren nach Auffassung von Hildegard von Bingen (1098–1179 n.Chr.) ein Heilmittel für Augenprobleme – was man auch als Metapher für das Erlangen religiöser Einsicht interpretieren kann.

Saphire ermöglichten dem Gläubigen nach Meinung früher christlicher Theologen durch ihre reine Betrachtung die Erhebung seiner Gedanken von den irdischen Regionen in die himmlischen. (Vielleicht über ihre Farbgebung, die an die himmlischen Sphären erinnerte.)

Blutjaspis erinnert mit seinen roten Flecken an das Blut Christi. Rosenkränze mit diesem Stein bringen Frieden und Verständnis.

Das Montefeltro-Altarbild des Renaissance-Meisters Piero della Francesca aus dem 15. Jahrhundert kann als Beispiel für die Allgegenwart des Rosenkranzes in der Ikonographie der römisch-katholischen Kirche dienen: Das schlafende Christuskind, umgeben von Engeln und Heiligen, trägt einen Rosenkranz aus Korallen.

»Soll ich euch ein ›Geheimnis‹ verraten? Es ist einfach, und letztlich nicht einmal süß. Betet … betet viel. Betet täglich einen Rosenkranz.«

PAPST JOHANNES PAUL II. (geb. 1920)

Beten mit dem Rosenkranz ...

Mit dem Gebet beginnen

Nehmen Sie eine Gebetsposition ein, halten Sie das Kruzifix des Rosenkranzes in Ihrer rechten Hand. Konzentrieren Sie sich auf die Bedeutung der Wörter, statt die Gebete mechanisch zu wiederholen und gefühllos auswendig herunterzuleiern.

1 Bekreuzigen Sie sich mit dem Kruzifix und sagen Sie: »Im Namen des Vaters, des Sohnes und des Heiligen Geistes. Amen.« Küssen Sie das Kruzifix. Rezitieren Sie das apostolische Glaubensbekenntnis (*siehe S. 31*).

2 Nehmen Sie die erste Perle nach dem Kruzifix und beten Sie ein Vaterunser. Beten Sie bei jeder der nächsten drei Perlen ein Ave Maria (*siehe gegenüber*).

3 Beten Sie bei der nächsten Perle die Lobpreisung »Ehre sei dem Vater« (*siehe gegenüber*). Dies kennzeichnet das Ende der Eingangsgebete.

4 Beten Sie, immer noch bei dieser Perle verweilend, nun ein Vaterunser. Beten Sie bei den nächsten zehn Perlen jeweils ein Ave Maria und vertiefen Sie sich dabei in die Geheimnisse (*siehe S. 28–29*). Sprechen Sie nach zehn Ave Maria bei der nächsten großen Perle die Lobpreisung (*siehe gegenüber*) und, je nach Wunsch, das Fatimagebet (*siehe S. 31*).

5 Jede folgende Zehnergruppe wird auf dieselbe Weise behandelt: ein Vaterunser, zehn Ave Maria zur Meditation, dann die Lobpreisung (*siehe gegenüber*) und, falls gewünscht, das Fatimagebet (*siehe S. 31*).

Das Vaterunser

»Vater unser im Himmel, geheiligt werde dein Name. Dein Reich komme. Dein Wille geschehe, wie im Himmel, so auf Erden. Unser tägliches Brot gib uns heute und vergib uns unsere Schuld, wie auch wir vergeben unsern Schuldigern. Und führe uns nicht in Versuchung, sondern erlöse uns von dem Bösen. Denn dein ist das Reich und die Kraft und die Herrlichkeit in Ewigkeit. Amen.«

Ave Maria

»Gegrüßet seist du, Maria, voll der Gnade, der Herr ist mit dir. Du bist gebenedeit unter den Frauen, und gebenedeit ist die Frucht deines Leibes, Jesus. Heilige Maria, Mutter Gottes, bitte für uns Sünder, jetzt und in der Stunde unseres Todes. Amen.«

Lobpreisung (Ehre sei dem Vater)

»Ehre sei dem Vater, und dem Sohn, und dem Heiligen Geist, wie im Anfang, so auch jetzt und alle Zeit und in Ewigkeit. Amen.«

Beten mit dem Rosenkranz ...

Die Geheimnisse

Die fünf Zehnergruppen der Rosenkranzperlen korrespondieren mit drei Gruppen der fünf »Geheimnisse«, basierend auf der Grundlage des Lebens Christi und der Heiligen Jungfrau. An bestimmten Tagen (siehe unten) meditiert man diese freudenreichen, schmerzhaften und glorreichen Geheimnisse mit jeder Zehnergruppe des Rosenkranzes.

Die Rosenkranz-Geheimnisse

Der freudenreiche Rosenkranz (Die Schöpfung)

Montags und donnerstags; sonntags vom ersten Adventsonntag bis zur Fastenzeit

Die Verkündigung
Die Heimsuchung Mariä
Christi Geburt
Die Darstellung im Tempel
Die Wiederfindung im Tempel

Der schmerzhafte Rosenkranz (Der Sündenfall)

Donnerstags und freitags; sonntags in der Fastenzeit

Christus am Ölberg
Die Geißelung

Die Dornenkrönung
Der Kreuzweg
Die Kreuzigung

Der glorreiche Rosenkranz (Die Erlösung)

Mittwochs und samstags; sonntags von Ostern bis Advent

Die Auferstehung
Christi Himmelfahrt
Die Ausgießung des Heiligen Geistes
Mariä Himmelfahrt
Die Krönung Mariä

1 Nehmen Sie nach Beendigung der Eingangsgebete (*siehe Schritte 1–3, S. 26–27*) die erste Perle und meditieren Sie das erste Geheimnis dieses Tages. Beginnen Sie bei dem *freudenreichen* Rosenkranz z.B. mit der Verkündigung und denken Sie dabei »Ich wünsche die Liebe zur Demut«, während Sie sich den Zustand Marias vorstellen, als sie der Engel Gabriel grüßte. Auf diese Weise üben Sie die Tugend der Bescheidenheit nach dem perfekten Beispiel Marias. Sprechen Sie ein Vaterunser und ein Ave Maria für jede folgende Perle und dann, nach der zehnten Perle, die Lobpreisung und falls gewünscht, das Fatimagebet (*siehe S. 31*).

2 Meditieren Sie auf dieselbe Weise mit jeder Zehnergruppe ein weiteres *freudenreiches* Geheimnis. An jedes Einzelne zu denken, während Sie das Ave Maria wiederholen, hilft Ihnen, sich die Nächstenliebe durch die Heimsuchung zu vergegenwärtigen, die Liebe Gottes durch die Geburt Christi, die Opferbereitschaft durch die Darstellung im Tempel und die Inbrunst durch die Wiederfindung im Tempel. Am Ende des Zehnerabschnitts sprechen Sie die Lobpreisung und das Fatimagebet (*siehe S. 31*).

3 Beim *schmerzhaften* Rosenkranz wird man reuevoll durch das Meditieren der Episode von Jesus am Ölberg, demütig durch das Meditieren der Geißelung Christi, moralisch gestärkt angesichts der Dornenkrönung, geduldig und bescheiden beim inneren Nachvollziehen des Kreuzwegs und schließlich gefestigt in seinem Glauben durch die Vorstellung der Kreuzigung.

4 Beim Meditieren des *glorreichen* Rosenkranzes findet sich der Glaube gestärkt durch die Vergegenwärtigung der Auferstehung und durch die Hoffnung der Himmelfahrt. Andere Geheimnisse entfachen die Glut, den Todesmut und die Liebe zu Maria.

5 Sprechen Sie nach Beendigung der fünf Zehnergruppen ein abschließendes Gebet, etwa in der Art eines Salve Regina (*siehe auch S. 30*). Bekreuzigen Sie sich und küssen Sie das Kruzifix.

Schlüsselgebete

Gegrüßet seist Du, Königin

» *Gegrüßet seist Du, Königin, Mutter der Barmherzigkeit, unser Leben, unsere Süßigkeit und unsere Hoffnung, sei gegrüßt. Zu dir rufen wir elende Kinder Evas. Zu dir seufzen wir trauernd und weinend in diesem Tale der Tränen. Wohlan denn, unsere Fürsprecherin! Wende deine barmherzigen Augen zu uns, und nach diesem Elende zeige uns Jesus, die gebenedeite Frucht deines Leibes. O Güte, o milde, o süße Jungfrau Maria. Bitte für uns, o heilige Gottesmutter, dass wir würdig werden der Verheißung Christi.*

Lasst uns beten: O Gott, dessen einziger Sohn durch sein Leben, seinen Tod und seine Auferstehung für uns den Lohn des ewigen Lebens erworben hat, gebe, wir bitten Dich, dass wir durch die Meditation dieser Geheimnisse des heiligen Rosenkranzes der gesegneten Jungfrau Maria ihrem Inhalt nacheifern können, dass wir erlangen, was sie versprechen, durch Christus, unseren Herrn. Amen. «

(SALVE REGINA, ERWEITERT)

Das Apostolische Glaubensbekenntnis

» Ich glaube an Gott, den Vater, den Allmächtigen, den Schöpfer des Himmels und der Erde. Und an Jesus Christus, seinen eingeborenen Sohn, unsern Herrn, empfangen durch den Heiligen Geist, geboren von der Jungfrau Maria, gelitten unter Pontius Pilatus, gekreuzigt, gestorben und begraben, hinabgestiegen in das Reich des Todes, am dritten Tage auferstanden von den Toten, aufgefahren in den Himmel; er sitzt zur Rechten Gottes, des allmächtigen Vaters; von dort wird er kommen, zu richten die Lebenden und die Toten. Ich glaube an den Heiligen Geist, die heilige christliche Kirche, die Gemeinschaft der Heiligen, die Vergebung der Sünden, die Auferstehung der Toten und das ewige Leben. Amen. «

Das Fatimagebet

» O mein Jesus, verzeih uns unsere Sünden, bewahre uns vor dem Feuer der Hölle, führe alle Seelen in den Himmel, besonders jene, die deiner Barmherzigkeit am meisten bedürfen. Amen. «

ORTHODOXE ROSENKRÄNZE

MIT DEM EINFACHEN ROSENKRANZ der Orthodoxen, einer Wollschnur mit Knoten, betet man das Jesusgebet. Damit versucht man innere Aufmerksamkeit und die Kontrolle des Atems zu erlangen. Auch Prostrationen, demütige Niederwerfungen auf den Boden, gehören zu diesem Ritual. Griechisch-orthodoxe Mönche vom Berg Athos auf der Athos-Halbinsel widmen ihr Leben dem Streben nach *hesychia*, der Stille bzw. Beruhigung des Herzens. Diese spirituelle Suche führt zur Vereinigung mit Gott. Derartige mystische Traditionen waren im westlichen Christentum über Jahrhunderte verloren gegangen. Doch einige Strömungen in der Anglikanischen Kirche und der Episkopalkirche, und jene, die die spirituellen Praktiken früher keltischer Heiliger erforschen, entdecken diese kontemplativen inneren Reisen mit Hilfe von Rosenkränzen wieder.

DIE GEBETSRITUALE DER ORTHODOXEN KIRCHE

Jahrhundertelang hat man in der östlichen orthodoxen Kirche das Jesusgebet mit einem geknoteten Wollrosenkranz gesprochen. Dem heiligen Isaak dem Syrer (338–439 n.Chr.) zufolge vollzieht man mit diesem Gebet eine Reihe körperlicher Handlungen, um zu einer Art Zustand des *Seins* zu gelangen. Man versucht, das Gebot des Paulus über »das Beten ohne Unterlass« (1. Thessalonicher Brief 5:17) zu erfüllen. Bei jedem Knoten des Rosenkranzes wiederholt man *Kyrie Iesu Christi* (Herr Jesus Christus), *Huie Theou* (Sohn Gottes), *eleison emas* (erbarme dich unser) oder *eleison me* (erbarme dich meiner).

GÖTTLICHKEIT ERLANGEN

Der Sinn des irdischen Lebens besteht für orthodoxe Christen in der Vorbereitung auf die Vereinigung mit dem Göttlichen. Zu diesem Zweck empfängt man regelmäßig die Sakramente, befolgt Gottes Gebote und lebt tugendhaft mit Gebeten. Da wir alle im Bild und Abbild Gottes erschaffen wurden, können wir alle unser Potenzial des Göttlichen vervollkommnen.

Das Jesusgebet ist insofern besonders wirksam zur Annäherung an Gott, als Christus in seinem Zentrum steht, genauer, der mit Gott vereinigte Christus: Seine Sterblichkeit steht dafür, dass jeder den Weg zur Vereinigung mit Gott finden kann. Da Jesus Gottes Präsenz und Energie in sich trägt, hat man durch das wiederholte Aussprechen seines Namens am Göttlichen Anteil.

MIT DEM ATEM

Wer *Kyrie eleison* (Herr, erbarme dich, Christus erbarme dich) singt oder rezitiert, verbleibt in einem passiven Zustand, wie beim Empfangen der heiligen Kommunion. Doch als Teil des Jesusgebets zwingt das Wiederholen der Wörter zu einer aktiveren Haltung, denn hier bemüht sich der Gläubige in der Konzentration auf die Wiederholung um spirituelle Anleitung.

Atemkontrolle und bestimmte Haltungen sind Teil der spirituellen Übung. Durch kontrolliertes Atmen unterstützt man seine An-

Das Innere dieser kleinen Kirche auf der griechischen Insel Naxos vermittelt auf eingängige Weise die Atmosphäre kontemplativer Zurückgezogenheit, die immer noch die Gebets- und Andachtsrituale der griechisch-orthodoxen Kirche prägt.

rufung, und bindet Körper, Geist und Emotionen an den Akt des Betens. Über die Konzentration auf den Atem erinnert man, wie Gott im Buch Genesis Adam das Leben einhaucht. Jede Inhalation wirkt belebend auf den Heiligen Geist in einem selbst.

Zur Intensivierung des Zustands, den man durch Gebete erreicht, beinhaltet die Methode der Hesychasten manchmal auch demütige Niederwerfungen bzw. Prostration. Spirituelle Anleitung bezieht man aus der Lektüre heiliger Schriften und geistlicher Autoren wie der Wüstenväter, die man im *Philokalia* oder bei Meistern und Älteren findet: im Griechischen *geron*; russisch *staretz*; arabisch *sheikh*.

DAS GEBET DES HERZENS
1782 wurde *Philokalia* veröffentlicht, eine auf griechisch verfasste Schriftensammlung mit den Gedanken christlicher orthodoxer spiritueller Meister aus dem 4. bis 15. Jahrhundert. Darin finden sich Erfahrungen von Heiligen wie Gregor Sinaites (der Byzantiner,

Ende 13. Jahrhundert – 1346) mit dem Jesusgebet und Lebensbeschreibungen der Hesychasten. Nachdem dieses Werk ins Russische übersetzt wurde, trug dessen größere Verbreitung auch zur Etablierung des »Gebets des Herzens« (Jesusgebet) innerhalb der russisch-othodoxen Kirche bei.

Diese Alternativbezeichnung für das Jesusgebet steht für die innere Reise des Gläubigen mit Hilfe seiner Gebetsschnur. Das Aussprechen der Worte bei jedem Ein- und jedem Ausatmen entlang der Knoten in der Schnur erleichtert dem Gläubigen den Rückzug von der Außenwelt und die Konzentration auf das Geistige in sich. So bereitet man sein Herz auf eine Leere vor, die allein mit Gottes Präsenz ausgefüllt wird. Über die Wiederholungen hallen die Worte im Herzen des Betenden wider und versichern ihn so der Gegenwart Christi in sich selbst.

Das klassische religiöse Werk *Aufrichtige Erzählungen eines russischen Pilgers* bietet eine wunderbare Einführung zum Jesusgebet. In seinem Streben nach einem Leben »im Beten ohne Unterlass« wird ein anonymer Pilger im 19. Jahrhundert von einem spirituellen Meister als Schüler angenommen, der ihn eine täglich veränderte Anzahl von Gebeten sprechen lässt. Hier begegnet der Leser dem perfekten Beispiel von Glauben, Demut und wahrer Spiritualität.

Griechische Mönche tragen ihre eigenen Rosenkränze als Teil ihrer Investitur-Zeremonie im Kloster. Diese Mönche beten ihre Rosenkränze zwischen 80- und 100-mal am Tag.

DIE STILLE GEBETSSCHNUR DER ORTHODOXEN

Die geknotete Wollgebetsschnur, bekannt als *metanoia*, wörtlich »das Umdenken« oder *kombologion*, »Schnur der Knoten«, hat in der griechischen Tradition 33, 50 oder, wie meistens der Fall, 100 Knoten. Beim russisch-orthodoxen Äquivalent, *chotki*, sind 33, 100 oder sogar 300 Knoten üblich. Anders als beim römisch-katholischen Rosenkranz teilt man die Knoten hier nicht in Zehnergruppen oder andere derartige Abschnitte ein, und man betet schweigend.

Es gibt indes auch Rosenkränze der Orthodoxen mit Perlen, sie enthalten die gleiche Anzahl Perlen wie Knoten. Oft fädeln Mönche leicht erhältliche Materialien aus der Natur auf, etwa Olivenkerne, Nüsse, Muscheln oder Holzperlen.

Der Überlieferung zufolge entwickelten sich Rosenkränze aus dem Zählen mit Kieselsteinen, die zwischen verschiedenen Haufen hin- und hergeschoben wurden, aus Erinnerungs-, Markierungs- und Konzentrationshilfen also. Es erwies sich dann als praktisch, Knoten in eine Schnur zu knüpfen und somit eine tragbare Zählvorrichtung für einfacheres Beten zu erhalten.

ORTHODOXE KREUZE

Das Rosenkranz-Kreuz der Orthodoxen unterscheidet sich vom katholischen Kruzifix. Sein unterer Querbalken verweist auf die Tatsache, dass ein guter Dieb in den Himmel kam, wohingegen der andere in die Hölle hinabgeschickt wurde, nachdem er abgelehnt hatte, am Tage der Kreuzigung Christi zu bereuen. Das Kreuz der Orthodoxen beinhaltet die griechischen Buchstaben chi und rho, die beiden Buchstaben für Christus im griechischen Alphabet. Das russisch-orthodoxe Kreuz kann noch eine andere Form haben, mit stilisierten Querbalken zur Darstellung der Inschrift und der Fußstütze.

Beten mit der Gebetsschnur ...

Das Jesusgebet

»Wenn die Seele wachsam ist, sich von allen Ablenkungen zurückzieht und den eigenen Willen aufgibt, dann dringt der Geist Gottes in sie ein.«

ABBA CRONIUS (285–386 n.Chr.)

Durch das Regulieren der Ein- und Ausatmung über die rhythmische Wiederholung bestimmter Wörter ermöglicht das Jesusgebet die Hinwendung nach innen, auf dass man leer werde und die Einheit mit Gott erfahre. Auf einfachster Ebene kann das Jesusgebet zur Beruhigung von Körper und Geist in Zeiten von Stress genützt werden. Auf höchstem Niveau dient es manchen auf der Suche nach der letztgültigen Realität. Bestimmte äußerliche Rituale, Verneigungen und Niederwerfungen unter notwendiger und umsichtiger Anleitung durch einen spirituellen Meister können mit diesem Gebet einhergehen. Die Worte soll man langsam, absichtsvoll und mit absoluter Hingabe rezitieren. Dies erleichtert die Konzentration auf die spirituellen Bereiche und eine Öffnung auf die Präsenz des Göttlichen hin: Um den Ozean aufzunehmen, muss man erst einmal darin eintauchen.

Das Jesusgebet

»Herr Jesus Christus,
Sohn Gottes,
erbarme dich meiner.«

1 Beim Einatmen, am ersten Knoten des Rosenkranzes, sagen Sie: »Herr Jesus Christus, Sohn Gottes.« Sprechen Sie langsam, das ganze Einatmen soll mit den Worten ausgefüllt sein. Beginnen Sie mit dem lauten Rezitieren der Worte, doch verinnerlichen Sie sie nach und nach, bis Sie sie in völliger Stille wiederholen können.

2 Beim Ausatmen sagen Sie: »Erbarme dich meiner.« Wiederholen Sie diesen Satz, während Sie zur nächsten Perle kommen, sowohl beim Ein- als auch beim Ausatmen und arbeiten Sie sich auf diese Weise durch sämtliche Knoten des Rosenkranzes. Wesentlich dabei ist, sich jedes rezitierten Wortes bewusst zu sein und zu dem Inhalt des Gebets zurückzukehren, wann immer die Gedanken abschweifen. Kopf und Herz müssen voll bei der Sache sein, vereint im Gebet.

3 Unter Anleitung eines spirituellen Lehrers können Sie in Ihrem normalen Atemrhythmus Prostrationen einbauen, entweder mit einer Verneigung aus der Hüfte oder indem Sie sich auf den Boden mit dem Gesicht nach unten hinstrecken. Durch ein derartiges »Beten mit dem Körper« lassen Sie Ihren Geist und Ihr Herz noch intensiver an dem Gebet teilhaben. Natürlich dürfen die Körperbewegungen nicht von den Worten des Gebets ablenken.

DIE ANGLIKANISCHE GEBETSSCHNUR

Die Anrufung des Namens Jesu beim Beten mit Gebetsschnüren brachte man allgemein mit der östlichen orthodoxen Kirche in Verbindung. Dabei war sie immer auch in der westlichen Welt Teil christlicher Praktiken. Immer mehr Gläubige in der anglikanischen und der Episkopalkirche auf beiden Seiten des Atlantiks führen heute diese Praxis fort, so z.B. die *Centering Prayer Movement* in den USA.

Mit ihren 33 Perlen, die Christi Lebensjahre auf dieser Welt versinnbildlichen sollen, verbindet die anglikanische Gebetsschnur Elemente des katholischen Rosenkranzes und solche christlich orthodoxer Gebetsketten. Die Begründer der *Anglican Prayer Movement* verweisen auf die Traditionen der frühen Wüsten-*Ammas* (Mütter) und -*Abbas* (Väter), die das Flechten von Körben oder Seilen als Methode zur Konzentration ihrer Gedanken auf Gebete sahen, während sie damit noch ihren Lebensunterhalt verdienten. Viele der heute erhältlichen Rosenkränze werden von jenen hergestellt, die ihr Leben der Kontemplation und dem Gebet widmen.

DEN PUNKT DER STILLE FINDEN

Der Zisterziensermönch Abt Thomas Keating (geb. 1923), eine führende Figur der *Centering Prayer Movement* in den USA, hat der Geschichte der christlichen Meditationstraditionen nachgespürt. Er betreibt Studien zu verloren gegangenen mystischen Methoden wie der von Julian von Norwich (1342–1416 n.Chr.) und Mönchen des Mittelalters, die von ihren kontemplativen Gebetstechniken als »Eintritt in die Wolke des Unbekannten« sprachen. Diese wiederentdeckte Tradition hat Keating zu neuen Gebetstechniken angeregt, mit deren Hilfe man lernt, Blockierungen durch unterbewusste emotionale Muster zu durchbrechen, um die spirituelle Entwicklung zu vertiefen.

Derartige Gebetstechniken erleichtern den Eintritt in einen besinnlichen Zustand, in dem negative Gedanken- und Gefühlsmuster verabschiedet und innere Freiheit gewonnen werden, und man lernt, »in Gott zu ruhen«. Da es sich hier um eine sehr junge Tradition handelt, gibt es keine offiziellen

Gebete, die man beim Gebrauch anglikanischer Gebetsketten sprechen könnte. Häufig werden das Jesusgebet (*siehe S. 40*) sowie Auszüge aus *The Book of Common Prayer* (1662) verwendet.

DIE VERSCHIEDENEN PERLEN

Die Gruppierung der Perlen bei den anglikanischen Rosenkränzen ist reich an Symbolik. Gewöhnlich lassen sich die Ketten in vier Hauptabschnitte von jeweils sieben Perlen, bekannt als »Wochen«, untergliedern, die wiederum von vier kreuzförmigen Perlen unterteilt werden. Die Wochen bezeichnen die Anzahl an Tagen, die zur Schaffung des Universums nötig war, die weltliche Woche, die Abschnitte des Kirchenjahres und die Sakramente. Die vier kreuzförmigen Perlen stehen für die Kreuzigung Christi, aber auch für die Jahreszeiten und die vier Himmelsrichtungen. So wie ein Eröffnungspsalm den Gläubigen zum täglichen Gottesdienst auffordert, geleitet eine Art Einführungsperle den Andächtigen in den Gebetszyklus.

Der anglikanische Rosenkranz ist relativ neu, er verbindet Elemente aus dem römisch-katholischen Rosenkranz und aus dem Jesusgebet der orthodoxen Kirche. Die Gestaltung mit 33 Perlen ist das Ergebnis von Gebetserfahrungen einer Gebetsgruppe.

KELTISCH-CHRISTLICHES BETEN

In Irland, Cornwall, Wales, in der Bretagne und in Schottland entwickelten die frühen keltischen Heiligen ganz eigene Formen der Andacht, die sich von denen der römisch-katholischen Kirche unterschieden. Die Wurzeln des keltischen Christentums liegen in der Gemeinde um den Apostel Johannes (gest. ca. 100 n.Chr.) in Ephesos, der heutigen Türkei, und bei den Wüstenmönchen, den *Ammas* und *Abbas*. Wer heute keltische Traditionen leben will, kann eine auf dem original katholischen Rosenkranz mit 150 Perlen basierende Gebetskette verwenden.

Gebete aus der keltisch-christlichen Tradition feiern die Heiligkeit allen Lebens, der Natur und der Jahreszeiten. Für keltische Christen stellt die Natur selbst ein fortwährendes Gebet dar: Jeder Fluss, jeder Baum und Berg enthält eine Spur, einen Funken des Göttlichen. Jeder Mensch und jedes Ding ist Teil von und spielt eine Rolle in dem großen Kreislauf des Lebens. Mit Hilfe des Gebets treten die Gläubigen in diesen Zyklus ein und werden sich der unsichtbaren »anderen Welt« bewusst, aus der alles stammt und in die letztlich alles zurückkehren muss.

Gebetsketten begleiten den keltisch-christlich Gläubigen auf seiner Reise in die innere Welt der Andacht. Die sich wiederholenden geometrischen Muster der Perlen führen das Auge und den Geist in einen Raum der Kontemplation. Die Knoten zwischen den Perlen erinnern an die große keltische Tradition der Knüpfkunst und symbolisieren eine Linie ohne Anfang und Ende. Andere spezielle Perlen können die Form des Shamrock (Kleeblatt als Wahrzeichen der Iren) haben, eingedenk des hl. Patrick (390–461 n.Chr.), der es mit der Dreieinigkeit verband.

Obgleich alle christlichen Strömungen die Jungfrau Maria und Jesus ehren und somit die weiblichen und männlichen Aspekte Gottes widerspiegeln, wird das weibliche Wesen des Göttlichen in den keltisch-christlichen Schriften besonders verehrt. Offensichtlich wird dies bei den keltischen Gebetsketten in der Form des vierfüßigen Kreuzes der hl. Brigitta (451–525 n.Chr.).

Der Kreis hinter dem keltischen Kreuz ist ein altes Symbol für die Verbundenheit aller Dinge im Universum, für Sonne und Ewigkeit. Das Kreuz selbst steht für die vier Ecken der Welt.

DIE JÜDISCHEN TEFILLIN

DIE JÜDISCHEN GEBETSRIEMEN, TEFILLIN, verbinden die Gebote Gottes (auf Pergamentrollen geschrieben und in kubischen Lederkästchen oder -kapseln, den *batim*, aufbewahrt) buchstäblich mit dem Arm oder dem Kopf der Gläubigen. Man demonstriert Bescheidenheit vor Gott, indem man die Wünsche des Körpers, des Herzens und des Geistes diszipliniert und veredelt. Wiederholt ein Jude Passagen heiliger Texte mit diesen umgeschnallten Kästchen und Riemen, befolgt er metaphorisch gesprochen, was man im Sanskrit *Sutra* nennt, zugleich ein »Faden« (wie die Riemen) und ein »Gebot der Weisheit« (wie sie die Pergamentschriften in den Kästchen enthalten). In König Salomos Worten: »Binde sie dir an die Finger, schreib sie auf die Tafel deines Herzens.« (Die Sprichwörter Salomos 7:3)

DIE JÜDISCHEN TEFILLIN VERSTEHEN

»Die Tefillin sind sehr heilig. Während der Mensch sie an Kopf oder Arm trägt, ist er demütig, gottesfürchtig, wird kaum frivol sein, eitle Reden führen oder unreine Gedanken haben. Vielmehr wird er über Wahrheit und Rechtschaffenheit nachdenken.«

RAMBAM, MITZVOS, LILCHOS TEFILLIN (4:25)

Die mit Juwelen verzierte *Sefer Thora* enthält die Tafeln mit Gottes Zehn Geboten.

Anders als in anderen Religionen zählt man im Judentum keine Rosenkranzperlen, sondern man trägt *Tefillin*. Diese sind zusammengesetzt aus zwei ledernen *batim*-Kästchen (darin enthalten sind Passagen aus der Thora), die mit Lederriemen, *retzuos*, an Kopf oder Arm geschnallt werden. Fromme Juden binden sich diese *Tefillin*-Kästchen, die wie Gebete betrachtet werden, folgendermaßen an den Körper: Eins trägt man an der Stirn (Kopf-*Tefillin*) und ein anderes um den linken Arm (Arm-*Tefillin*), nahe dem Herzen. Schließlich wickelt man den Riemen dergestalt um die Finger und die Handfläche, dass sich der Buchstabe *yod* bildet, der für den Unaussprechlichen Namen steht, und *esh*, den *Shaddai*, den Ewigen, repräsentiert.

DIE ZWEI BATIM-KÄSTCHEN
Das erste Lederkästchen, *bayis shel yad*, trägt man um den Arm geschnallt, es enthält vier Verse der Thora – zwei aus dem Exodus, zwei aus dem Deuteronomium – auf einem Stück Pergament. Da man meint, der Körper sei schwieriger zu disziplinieren als der Geist, bindet man es zuerst fest und trägt es auch längere

48

Zeit. Dieser Arm-Gebetsriemen soll so nah wie möglich am Herzen sitzen und den Träger daran erinnern, körperliche Versuchungen unter Kontrolle zu halten, wobei die Hände sowohl die Möglichkeit körperlicher Handlungen symbolisieren als auch mit dem Tastsinn, also der Sinnlichkeit, assoziiert werden.

Den zweiten Behälter, *bayis shel rosh*, bindet man am Kopf fest, er enthält vier auf jeweils separate Pergamentstücke geschriebene Eintragungen aus der Thora, die auch in verschiedenen Abteilungen des Behälters aufbewahrt werden. Sie helfen dem Träger beim Aktivieren seines Intellekts und seiner Sinne.

Das Festschnallen der zwei *batim*-Schachteln ist eine symbolische Zeremonie zur Überwindung der sinnlich-körperlichen und gedanklichen Zugkraft und des Wunsches nach Aktion. Durch eine Art Zentrierung im Kopf und im Herzen helfen die *Tefillin* bei einer ununterbrochenen Meditation der Gebote Gottes.

DIE RETZUOS

Retzuos sind 10–11 Millimeter breite Lederriemen. Mit fortgesetztem Ge-

brauch dehnen sich die Riemen und bekommen Risse. Da jedoch unbehandeltes Leder auf keinen Fall durch Risse freigelegt werden darf, erneuert man die Riemen alle fünf bis zehn Jahre. Festgeschnallt sollen die Riemen stets direkten Hautkontakt haben. Kleidung, ja sogar Brillen, würden diese direkte Verbindung mit Gott unterbrechen. Herabhängend reicht der längere rechte Riemen bis zur Stelle der Beschneidung, der linke bis zum Nabel, beides Erinnerungshilfen hinsichtlich der Notwendigkeit, körperliche Freuden dem Willen Gottes entsprechend zu veredeln.

Diese Leder-*Tefillin*-Kästchen enthalten Passagen aus der Thora. Mit *retzuos*-Riemen an Arm und Kopf geschnallt, tragen jüdische Männer sie wochentags zum morgendlichen Gottesdienst. Diese alte religiöse Praxis dient als lebendiges Symbol für Gottes Beziehung zu den Israeliten.

GOTTES GEBOTE BEFOLGEN

»So sollen alle Gott anrufen und ihm ihr Herz öffnen, wie in größter Gefahr im Sturm.«
CHASSIDISCHER SPRUCH

Das Wort *Tefilllin* ist mit dem Hebräischen *tefilah*, »Gebet«, verwandt und hat seine Wurzeln in *pelamed-lamed* und *l'hitpalel*, was »über sich selbst urteilen« heißt. Beim Eintritt in das Innere mit Hilfe von Gebeten urteilen gläubige Jüdinnen und Juden vor dem Heiligen Gesetz über sich selbst.

DAS WORT GOTTES

Die Verse in den schützenden Lederkästchen der *Tefillin* stammen aus der Thora – dem ersten der fünf Bücher Mose – und beziehen sich auf Gottes Gebot, Seine Göttlichen Worte zu hören. Sie gemahnen an die Befreiung der Juden aus der Knechtschaft und seine Gebote: »Darum sollst du den Herrn, deinen Gott, lieben mit ganzem Herzen, mit ganzer Seele und mit ganzer Kraft.« (Deuteronomium 6:5) und »Diese meine Worte sollt ihr auf euer Herz und auf eure Seele schreiben. Ihr sollt sie als Zeichen um das Handge-

lenk binden. Sie sollen zum Schmuck auf eurer Stirn werden.« (Deuteronomium 11:18) Man sagt, da die Materialien, aus denen die Gebetsriemen bestehen, theoretisch essbar sind – Leder, Pergament, eingewickelt in die Haare eines Kalbsschwanzes –, könne der Gläubige diese Worte buchstäblich »in sich aufnehmen«.

Durch das Tragen der *Tefillin* befindet sich der Gläubige in einem Zustand des ständigen Bewusstseins von Gottes Präsenz. Bekannt als »die Ehre Israels«, dienen diese Lederkästchen und -riemen als zugleich visuelle und zu tastende Zeichen für die Befolgung von Gottes Geboten, für den Kampf gegen irdische sinnliche Versuchungen und, dank der kontemplativen Gebete, der Vertiefung spiritueller Praxis.

Das traditionelle Tragen der *Tefillin* hat der jüdischen Gemeinschaft geholfen, bestimmte Praktiken über Jahrhunderte und Kontinente hinweg beizubehalten.

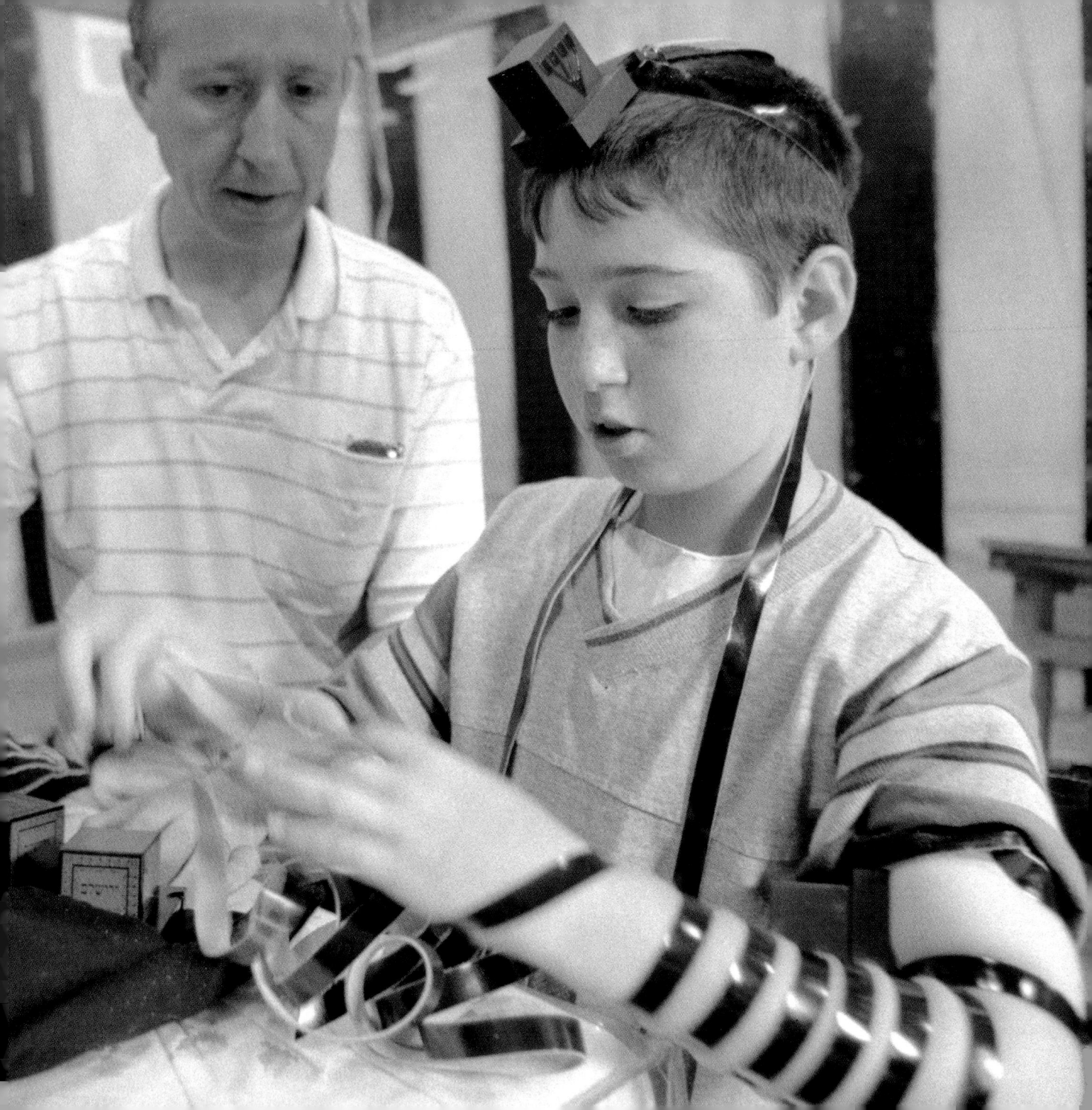

*»Du sollst sie als Zeichen um das
Handgelenk binden. Sie sollen zum Schmuck
auf deiner Stirn werden.«*

DIE VEREHRUNG DES GÖTTLICHEN

Ziel der spirituellen Praxis ist im Judentum *kedushah*, Heiligkeit, was die ganze Lebensweise beinhaltet. Man geht davon aus, dass jeder Aspekt des Lebens mit Gebeten die Möglichkeit zur Verbesserung des Gottesbewusstseins und der Spiritualität bieten kann. Gelegenheiten gibt es unendlich viele: Alltagstätigkeiten wie Essen, Arbeiten, sich ankleiden, zu Bett gehen und aufstehen, können eine spirituelle Dimension erhalten. Durch das Aussprechen traditioneller Segnungen, *berakot*, kann jeder Jude den in diesen alltäglichen Handlungen und Ereignissen enthaltenen göttlichen Funken entzünden. So mag man bei einem Donner ausrufen: »Gesegnet seist du, o Herr, unser Gott! König des Universums, deine Kraft und Macht mögen das Universum erfüllen.«

Dem jüdischen mystischen Denken zufolge ist Gott in jedem Teil des physischen Universums präsent. Tatsächlich geht das hebräische Wort für »Universum« auf eine etymologische Wurzel mit der Bedeutung »verhüllen« zurück. Die zahllosen Segnungen setzen das Göttliche darin frei, verbinden Himmel und Erde und tragen zur Enthüllung von Gottes Gegenwart in der Welt bei. Mit den alltäglichen Akten der Andacht nähert man sich dem Göttlichen und ehrt es. Eine Verinnerlichung, ein Übersteigen der momentanen und individuellen Wünsche, eine objektive Selbstbetrachtung zur Korrektur der eigenen Fehler sind Teile eines Weges, auf dem man die Verbundenheit und Heiligkeit aller Lebensformen erfahren kann. Diese ständige betende Aufmerksamkeit, *kavanah*, ist Voraussetzung für wirklich bedeutungsvolle Gebete.

Dieser jüdische Junge hat kürzlich *barmitzvah*, seine Volljährigkeit (im traditionellen Sinn) gefeiert. Er ist nun zum Tragen der Gebetsriemen berechtigt. Während des heiligen Rituals, bei dem Hand- und Kopf-*Tefillin* angelegt werden, darf er weder sprechen noch gestikulieren.

DAS INNERE DER TEFILLIN

»Höre, Israel! Der Herr ist unser Gott, der Herr ist einzig: Gesegnet sei sein glorreiches Königtum für immer und ewig.«

ERÖFFNUNGS-
ZEILEN VON
SCHEMA JISRAEL,
ANFANGSWORTE
DES JÜDISCHEN
GLAUBENS-
BEKENNTNISSES

Tefillin gelten als eines der drei wichtigsten Symbole des Judentums und werden als von Natur aus heilig betrachtet. Die anderen zwei heiligen Objekte sind die Thorarollen und die *mezzuzah*-Pergamente, die man an Wohnungseingängen anbringt. Wie alle heiligen Symbole und rituellen Gegenstände enthalten die *Tefillin* die Geschichte und die Symbolik der Juden für die jüdischen Gemeinden in aller Welt. Die bloße Betrachtung solcher heiliger Objekte dient als Erinnerung an den spirituellen Weg und spornt auf der heiligen Reise zu einem tieferen Weltverständnis an. Viele der großen Weltreligionen benützen derartige Objekte als Vermittler bei der Suche nach den unbeschreiblichen Wahrheiten und dem Unfassbaren.

VOLKSMYTHOLOGIE
In der jüdischen Volksmythologie bieten Gebetsriemen göttlichen Schutz. Jüdischen Männern in finanziellen Schwierigkeiten, mit Problemen in Beruf oder Beziehung wird geraten,

den Zustand ihrer Gebetsriemen durch einen *Tefillin*-Prüfer begutachten zu lassen. Zahlreiche Anekdoten berichten von wundersamen Problemlösungen dank Reparaturen von angerissenen Gebetsriemen oder beschädigter Bemalung der *Tefillin*.

HEILIGE ZAHLEN
Numerologie hat im Judentum eine große Bedeutung. Bei den *Tefillin* repräsentieren die fünf hohlen *chalalim*, die Abteilungen für die Pergamentinschriften in den *Tefillin* – vier in dem Lederkästchen für den Kopf, eine in dem für den Arm –, die Anzahl der Sinne, die es zu kontrollieren gilt, will man Gott näher kommen. Die zwölf Nahtstiche in jeder Schachtel erinnern an die Zahl der Engel um den Himmelsthron und an die zwölf Stämme Israels, die sich um den Tempel in Jerusalem versammelten. Und zusammengerechnet ergeben die Einzelteile der zwei *Tefillin*-Schachteln die Zahl 613 – die Anzahl der *mitzvos*, der Gebote in der Thora. In ausgesprochen physischer Form repräsen-

tieren die *Tefillin*, was Gott für die menschliche Seele wünscht.

DIE PRÜFUNG DER HEILIGEN SCHRIFTEN

Jeder Teil der *Tefillin* wird gründlich geprüft. Besondere Aufmerksamkeit kommt dabei dem Zustand der Inschriften zu, auf *parshios* (Pergament) handgeschrieben von einem Meister-*sofer* (Schreiber). Das Pergament ist normalerweise aus Lammhaut, die auf eine ganz bestimmte Weise gerollt und

in die *batim*-Lederkästchen eingesetzt wird. Zwar benützen verschiedene jüdische Traditionen wie die Sephardim (spanische, portugiesische und orientalische Juden) und die Aschkenasim (mittel- und osteuropäische Juden) unterschiedliche Schriften. Aber die Gesetze über die Beschriftung sind bindend. Fehlen nur ein paar der obligatorischen 1594 Zeichen, sind sie falsch geschrieben oder aufgetragen, erklärt ein *Tefillin*-Prüfer die Gebetsriemen als *posul*, ungültig.

Der in der jüdischen Gemeinde hoch angesehene *Tefillin*-Prüfer darf die *batim*-Kästchen der *Tefillin* öffnen, um den Zustand der Pergamentrollen zu untersuchen. Er prüft auch den Zustand der Leder-*retzuos*-Riemen und der *batim*-Kästchen selbst.

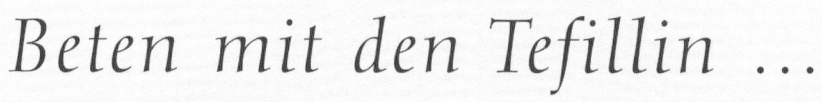

Beten mit den Tefillin ...

Die Worte Gottes binden

Tefillin werden bei den werktäglichen Morgengottesdiensten von männlichen Juden über 13 Jahre getragen, obligatorisch wird der Gebrauch nach der *barmitzvah*-Feier (Zeremonie der Volljährigkeit). In jüngerer Zeit haben sie auch nicht-orthodoxe jüdische Frauen angelegt. Beim Anbringen der Lederkästchen an Kopf und Arm mit Hilfe von Gebetsriemen kann der Gläubige die gegenüber abgedruckten Worte sprechen.

1 Der Arm-Gebetsriemen wird um den Bizeps des linken Armes gezogen, sieben- bis achtmal um den Unterarm gewickelt und dann dreimal um den Mittelfinger. Das Ende befestigt man, indem man es unter die gewickelten Riemen schiebt.

2 Dann platziert man den Kopf-Tefillin ungefähr einen Finger breit über dem Haaransatz, sodass das Kästchen in der Mitte zwischen den Augen zu liegen kommt.

3 Der *kesher*, Knoten, liegt am Hinterkopf am Genick. Vor dem Justieren des Knotens bringt man die Absicht zum Ausdruck, den Knoten bewegen zu wollen, um die Heiligkeit der *Tefillin* noch zu steigern: *I'shem keduchas tefillin.*

4 Die Riemen hängen wie folgt: Das Ende des rechten Riemens hängt auf der Höhe der Beschneidung, das linke auf der Höhe des Bauchnabels.

5 Das Tragen der *Tefillin* gestattet die Meditation der *mitzvos*, der Gebote, und hilft dem Gläubigen bei der inneren Einkehr, wenn er Körper, Geist und Herz völlig Gott hingibt.

» Hier bin ich, völlig auf das Anlegen der Tefillin konzentriert ... Dadurch wird die absolute Einheit Gottes erklärt und an die Wunder erinnert, die Er für uns bewirkt hat, als Er uns aus Ägypten heraus führte ... Er befahl uns, die Gebetsriemen an den Arm zu legen als Erinnerung an Seinen dargereichten Arm, gegenüber dem Herzen als Hinweis auf unsere Pflicht, dass wir unser Verlangen und unsere Herzenswünsche seinem Dienst unterstellen müssen. Gesegnet sei Er.«

HINDUISTISCHE MALAS

IM HINDUISMUS, EINER DER ÄLTESTEN Religionen der Welt, benützt man Gebetsketten, *Malas*, um mit ihrer Hilfe *Mantras* oder göttliche Namen im Akt der Andacht, *japa yoga*, zu wiederholen. Skulpturen mit Darstellungen dieser Praktik datieren bis in die Maurja-Sunga-Dynastie (185–73 v.Chr.) Nordindiens. Diese Kunstwerke bezeugen das uralte menschliche Bestreben, zeitlich beschränkte Bindungen zu überwinden: Über die Wiederholung heiliger Namen mit Hilfe von *Malas* vertreibt man die Sünde und verringert weltliche Ablenkungen. Durch das ständige Aussprechen heiliger Namen und Silben nähert sich der Gläubige Gott an und entdeckt dabei die wahre Natur der Menschheit, die rein, ewig und frei ist.

DIE BEFREIUNG DER SEELE

Das Lebensziel eines Hindus ist Erlösung, Selbst-Verwirklichung oder *moksha*, die letztgültige Vereinigung mit dem Höchsten; man erreicht sie durch Andacht und absolute Selbstaufgabe. Mit der *Mala* rezitieren Gläubige heilige *Mantras* oder die Namen von Gottheiten. *Mantra*-Rezitationen sollen die Sünde von innen her auslöschen und den Gläubigen läutern. Durch das Singen heiliger Namen göttlicher Inkarnationen wie *Rama* oder *Krishna* meint man, den physischen Körper in einen spirituellen zu verwandeln. Dabei soll der Gläubige *ananda*, einen Zustand transzendenter Glückseligkeit, erlangen, in dem das Ich mit Gott verschmilzt.

DIE ZIELE BEIM BETEN
Mit Hilfe von *sadhana* – andächtiger Meditation oder Gebet – lässt man die äußere Welt der Dualität hinter sich. Während Körper und Geist mit dem Bewegen der Perlen und dem Wiederholen einzelner Wörter oder Sprüche beschäftigt sind, entschwindet man an einen Ort der Stille und Ganzheit.

Dualitäten wie innen und außen, männlich und weiblich, Körper und Seele beginnen sich aufzulösen. Man strebt *samdhi* – die Verbundenheit aller Dinge an. Solcherart

Wissen hilft dem Gläubigen zu erkennen, wie *Brahman*, der alles durchdringende Gott, sich in *Atman*, dem Selbst, und in jedem anderen Ding manifestiert, wie dies in den Upanischaden (800–400 v.Chr.), den religiösen Abhandlungen von indischen vedischen Weisen, dargelegt ist.

DIE ROLLE DER MALA
Der Gebrauch der *Mala* fördert eine andächtige Atmosphäre und eine Steigerung der Aufmerksamkeit – des Körpers durch die Fingerbewegungen, des Geistes durch Anrufungen. Die Kette und die Begleitrituale wie das Waschen vor dem Gebrauch und das Anzünden von Kerzen und Weihrauchgewürzen bereiten die Seele auf das Verlassen des Alltags und auf den Eintritt in die heilige Dimension vor. Mit dem Zählen der Perlen misst man das Unermessliche aus, wo Dualitäten enden.

Dieser junge *Sadhu* beim Khumba Mela (Großes Urnen-Fest) in Allahabad gehört zu einer Sekte von Shiva-Anhängern. Sein Körper und Gesicht sind mit Asche beschmiert, seine Haare in einem mit heiligen Worten beschriebenen Turban eingeschnürt. Um seinen Hals trägt er eine Kristall-*Mala* und *rudraksha*-Perlen.

HEILIGE ASSOZIATIONEN MIT DER HINDUISTISCHEN MALA

Die *Mala* des Hinduismus setzt sich aus 108 Perlen zusammen, mit einer speziellen *meru*-Perle und einer Quaste, die den Anfang des Zyklus kennzeichnet. Das Wort *meru* ruft den mythischen heiligen Berg im Zentrum des hinduistischen kosmischen Universums und Vishnus himmlischen Thron in Erinnerung.

Die kreisförmige Form der *Mala* fungiert als Erinnerungshilfe an die fließende Unendlichkeit des Universums. Beim Abtasten der Perlen mit den Fingern bekommt man einen Eindruck von *lila*, dem rhythmischen Spiel des Universums, und taucht dabei in die Präsenz des Göttlichen ein. Das Hindu-Universum wird als geordnet und zyklisch angesehen: Der Gebrauch der *Mala* ermöglicht dem Gläubigen die Erfahrung der kosmischen Ordnung in ihrer ganzen Komplexität.

HEILIGE MATERIALIEN

Kein Material wird als zu niedrig oder als zu wertvoll für die Herstellung von *Mala*-Perlen empfunden; der farbbekleckste Stein eines kleinen indischen Schreins am Straßenrand ist ebenso anbetungswürdig wie eine höchst kunstvoll geschnitzte und reich verzierte Tempelgottheit.

Dennoch sind mit der Zeit bestimmte Materialien besonders stark mit der Verehrung bestimmter Gottheiten verbunden worden. Wie bei Tempelbauten stellt Holz auch bei *Malas* die erste Wahl dar, wobei sich Sandelholz aus Mysore stets besonderer Beliebtheit erfreut hat. Die

Bei der hinduistischen *Mala* handelt es sich nicht einfach nur um ein Schmuckstück. Wie ein Talisman soll sie vielmehr die Kräfte und Absichten des rechtmäßigen Besitzers aufnehmen. Bei respektvoller und vorsichtiger Behandlung wächst ihre Macht stetig an.

HINDUISTISCHE MALAS

> *»Auch bei nur einmaliger Erwähnung ist der Name eine*
> *Wohltat – ob man sich dessen bewusst ist oder nicht.*
> *Das Gebet ist nonverbal, es kommt vom Herzen.*
> *Mit dem Herzen verschmelzen bedeutet: beten.«*

SRI RAMANA MAHARSHI (1879–1950 n.Chr.)

Verehrer von Vishnu benützen *Malas* mit kleinen, aus dem Stamm des *tulsi*-Strauchs (heiliger Basilikum) geschnitzten Kugeln. Als Grundlage eines Lebenselixiers wird die *tulsi*-Pflanze (»die Unvergleichliche«) in Hausschreinen angebetet. Ihre Verbindung mit dem Heiligen lässt sich bis vor den Hinduismus zurückverfolgen, aber die Geschichte der Pflanze ist so untrennbar mit der Mythologie Vishnus verquickt, dass sie jedes Jahr zeremoniell mit diesem Gott vermählt wird. Als eine Hymne auf Vishnus achte Reinkarnation schließt eine Krishna-Kugel die Reihe der 108 Perlen ab. Die Melkerinnen, *gopis*, die sich der Anbetung Vishnus verschrieben, waren auch 108 an der Zahl.

Seit mehr als 7000 Jahren werden *rudraksha*, die getrockneten Beeren des *Elaeocarpus ganitrus roxburgii*-Baumes, mit hinduistischer Verehrung, besonders Shivas, assoziiert, und noch heute benützen Gläubige *rudraksha-Mala*-Perlen. Jede kostbare Perle hat einige natürliche Facetten, »Münder«, sehr oft fünf, die alle verschiedene Eigenschaften des Göttlichen repräsentieren. Die Perlen werden als Tränen Shivas gesehen. *Rudraksha*-Perlen haben eine raue Oberfläche, in Analogie zum asketischen Lebensstil der *Sannyasi*, die zugunsten eines Wanderlebens auf alle irdischen Güter verzichten.

Auch Edelsteine werden als passend für eine *Mala* erachtet, zumal sie im *jyotish*, dem indischen astrologischen System, Götter mit Planeten verbinden. Rubin etwa ist der Stein der Sonne und Brahmas.

DIE KRAFT DER ANBETUNG

Ein heiliger Text, die Gebetsketten-Upanischad (800–400 v.Chr.), schreibt ein Weiheritual für die *Mala* vor, die im Übrigen ihre Energie für gesteigerte spirituelle Wirkkraft aus der empfangenen Verehrung selbst zieht. Allen *Malas*, und vor allem alten oder von Heiligen verwendeten, kommt eine besondere respektvolle Behandlung zu. Im Fall einer Berührung mit dem Boden oder mit einer anderen Person reinigt man sie rituell.

MANTRA-YOGA

»Om *stimmt den ganzen Menschen in die ewige Musik des Göttlichen ein und bringt dabei die Seele in direkten Kontakt mit der innewohnenden und alles durchdringenden Realität.«*

SWAMI RAMDAS
(1884–1963
n.Chr.)

Das Sanskrit-Wort *Mantra* kommt von *manas* (Geist, Seele) und *trai*, »befreien«, »erlösen« oder »beschützen«. Ein *Mantra* beschützt den Geist und befreit ihn von der Welt. Es ist kein Selbstzweck, sondern vielmehr ein Weg zum Erlangen der letzten Wahrheit. »*Mantra* ist eine Verbindung von Wörtern, die für die Höchste Realität stehen«, meinte Swami Ramdas (1884–1963).

In der vedischen Tradition Indiens umfassen *Mantras* eine solch einzigartige Mischung aus Tönen, dass die bei ihrer Intonation freigesetzte vibrierende Energie, *japa,* – ob nun hörbar oder im Stillen – eine körperliche und geistige Reaktion hervorruft, die auf eine spirituelle Transformation hinwirkt. Der Mensch wird stärker mit Gott in Einklang gebracht.

Man unterscheidet drei Arten von *Mantras*: abstrakte Klänge wie *Om*, die sich auf das Absolute beziehen oder es repräsentieren, Anrufungen bestimmter Gottheiten und Samen-*Mantras*, abgeleitet aus Lauten im Sanskrit. Ein *Mantra* sollte erst einmal von einem

Guru oder *mantrakara* (*Mantra*-Macher) ausgesucht und gestiftet und dann von Guru zu Schüler weitergereicht werden. So bleibt es über Generationen lebendig – von dem Moment an, da es ein alter *rishi* (Seher) erstmals empfing. Die strengen Regeln zur Aussprache und Länge des Klangs, zu Lautstärke und Intonation sichern die Erhaltung des *Mantras* in seiner ursprünglichen lebendigen Form.

OM ANSTIMMEN

Betrachtet als der Ur-Ton, aus dem das Universum selbst fließt, wird *Om* (Betonung: »Aah-uuu-mmm«) auch als die ursprüngliche Quelle jeder Sprache gesehen, als die eine ewige Silbe, in der Vergangenheit, Gegenwart und Zukunft gleichzeitig existieren. Kein *Mantra* ist mächtiger als dieses; alle anderen Töne stammen von ihm ab, so wie der Pantheon der Hindugottheiten Aspekte eines einzigen Höchsten Seins repräsentiert.

Auf der körperlichen Ebene klärt man durch das Singen von *Om* seine Gedanken, öffnet Energiekanäle und steigert die Aufmerksamkeit. Spirituell betrachtet, kann es einen Weg zum Zustand tiefen Verständnisses eröffnen, frei von menschlichen Fehlern wie Unwissenheit, Begehren und Illusion. In seinen drei Silben (Aah-uuu-mmm) beinhaltet *Om* die drei Aspekte Gottes: »A« steht für Brahman, den Erschaffer; »U« ist Vishnu, der Bewahrer; »M« ist Shiva, der Zerstörer. Bei jeder Wiederholung vergegenwärtigt sich der Gläubige diese göttlichen Prinzipien und die drei Energien, oder *gunas*, die sich in diesem Universum in allen Dingen verbergen. Diese Silben repräsentieren auch die drei Zustände der Zeit – Vergangenheit, Gegenwart und Zukunft – und die drei Bewusstseinszustände – Wachen, Träumen und Schlafen –, von denen sich die Menschheit zu befreien trachtet.

Der Hinduismus berührt die Tiefen des Herzens und gewährt Raum sowohl für gemeinschaftliche als auch für individuelle Glaubenspraxis. Bei Festen wie dem Karawachot-Fest in Varanasi, Nordindien, wird von jedem praktizierenden Hindu das Bad im Ganges vor Sonnenaufgang und das Absolvieren von *japa-yoga*, das Rezitieren von Versen und Meditation mit *Mantras* erwartet.

SAMEN-MANTRAS

Diese feinen Töne gehen aus 50 Grundklängen der heiligen Sprache Sanskrit hervor. Obgleich sie keine buchstäbliche Bedeutung haben, bilden *bija* (Samen-Töne) die Essenz eines *Mantras* und die Quelle seiner Kraft. Darüber hinaus dienen diese *Mantras* als Bausteine für längere *Mantras*. Jedes der fünf – lediglich eine kleine Auswahl aus der Fülle der Samen-Klänge – entfaltet große Macht. Es positioniert die singende Person innerhalb eines der fünf Elemente und aktiviert dabei das zu dem jeweiligen Element gehörige *Chakra*, das auch mit einem der fünf Sinne korrespondiert.

Ham korrespondiert mit der Energie des Äthers und dem Gehörsinn. Es aktiviert und stimuliert das Hals-*Chakra*.

Yam korrespondiert mit der Energie der Luft und dem Tastsinn. Es öffnet das Herz-*Chakra*, leitet Energie hoch zum Scheitel, dem Tor zur Glückseligkeit.

Ram korrespondiert mit der Energie des Feuers und dem Gesichtssinn. Es stimuliert das *Chakra* des Nabels. Das Singen dieses *Mantras* bringt Göttliches Licht hervor. Wer mit diesem *Mantra* auf den Lippen stirbt, hat, so heißt es, *moksha*, die Erlösung, erlangt.

Vam korrespondiert mit der Energie des Wassers und dem Geschmackssinn. Es belebt das Becken-*Chakra*.

Lam korrespondiert mit der Energie der Erde und dem Geruchssinn. Es regt *prana*, die Lebensenergie, im Wurzel-*Chakra* dazu an, durch den feinstofflichen Körper aufzusteigen.

ERLEUCHTUNG DURCH ANRUFUNG

»Ein *Mantra* ist eine in einer Klangeinheit eingeschlossene Gottheit«, meinte Sri Swami Sivananda (1887–1963). Jede Gottheit hat ihr eigenes *Mantra*. Das Wiederholen des Namens einer Göttlichen Inkarnation, wie *Rama* oder *Krishna*, oder das Singen von Andachtssprüchen für einen bestimmten Gott, *mahamantra*, hilft dem Gläubigen, sich in *bhakti* (persönlicher Verehrung) auf diesen Aspekt des Göttlichen zu konzentrieren, und stellt einen Schlüssel zur Transzendenz dar. Da die Bezeichnung und das Bezeichnete im Wesen dasselbe sind, enthält die einem Göttlichen Namen innewohnende Schwingungsenergie auch etwas von seinem Wesen. Die ständige Wiederholung verschmilzt den Gläubigen mit diesen Göttlichen Eigenschaften, und das Selbst beginnt mit dem nötigen Vorgang der Auflösung.

DIE CHAKRAS

Das stimmhafte Aussprechen eines beliebigen Wortes setzt im menschlichen Körper eine Schwingung in Gang. Im vedischen System werden bestimmte Klänge über das *Chakra*-System (einem Pfad von Energiezentren entlang der *shushumna*-Energiebahn, die am Rückgrat entlang verläuft und *prana*, die Lebenskraft, durch den Körper hinauf transportiert) mit dem feinstofflichen Körper verbunden. *Chakra* bedeutet »Rad«: Jedes der sieben Energiezentren schwingt zur Frequenz bestimmter Klänge, die mit den entsprechenden *Mantras* korrespondieren. Das Erreichen der passenden Schwingung durch das Singen eines *Mantras* löst Energieblockaden in den verschiedenen *Chakras*. Ferner ermöglicht es das ungehinderte Fließen von *prana* sowie seinen Aufstieg durch den feinstofflichen Energiekanal, bis es schließlich den Scheitel bzw. das Kopf-*Chakra* erreicht, das Tor zur Selbst-Verwirklichung.

»Wer Zuflucht sucht in dem glorreichen Namen, kennt keinen Schmerz, kein Leiden, keine Sorge, kein Elend. Er lebt im Zustand vollkommenen Friedens.«

SWAMI RAMDAS (1884–1963)

Japa-Yoga ...

Om

»Der Klang Om ist Brahman ... Man hört das Brausen des Ozeans aus der Ferne. Folgt man diesem Brausen, dann gelangt man zu ihm. Solange das Brausen existiert, solange muss es auch einen Ozean geben. Über den Pfad von Om erreicht man Brahman, dessen Symbol die Welt ist.«

SRI RAMAKRISHNA (1836–1886)

Das machtvolle Mantra *Om* (das man »Aah-uuu-mmm« ausspricht) repräsentiert das Göttliche Wort, und es heißt, es sei die Quelle all dessen, was ist. Ein Hindu-Schüler mag jeden Tag 20 Minuten auf das Singen von *Om* verwenden, vielleicht beim Aufstehen und vor dem Zubettgehen, und unter Befolgung von Anleitungen wie der folgenden:

Suchen Sie sich einen ruhigen, sauberen Platz, an dem Sie täglich Ihre *Mantras* rezitieren können. Zünden Sie Kerzen und Weihrauch an, um den Ort zu reinigen und Ihren Geist für das Gebet zu öffnen. Beginnen Sie mit einem lauten Singen oder Anstimmen des Tones, arbeiten Sie sich nach und nach zu einem Flüstern vor, um schließlich bei einer stillen, internalisierten, mentalen Wiederholung (die mächtigste Form des Gebets) anzukommen.

1 Nehmen Sie eine bequeme, aufrechte Haltung ein, vorzugsweise auf dem Boden sitzend. Kreuzen Sie Ihre Beine oder nehmen Sie den Lotussitz oder Halb-Lotussitz ein (ein Fuß mit der Sohle nach oben auf dem gegenüberliegenden Oberschenkel liegend). Falls das Sitzen auf dem Boden unbequem erscheint, setzen Sie sich zunächst aufrecht auf einen Stuhl mit geradem Rücken und den Fußsohlen flach auf dem Boden.

2 Halten Sie die *Mala* in einer *Mala*-Tasche (oder bedeckt mit einem Schal oder einem Stück Tuch) nahe an Ihr Herz oder an Ihre Nase. Beginnen Sie bei der *meru*-Perle, nehmen Sie dann die erste »normale« Perle zwischen Daumen und Mittelfinger Ihrer rechten Hand. Bleiben Sie einen Moment lang ruhig. Atmen Sie tief ein und fühlen Sie Ihr Zwerchfell absinken. Intonieren Sie beim Ausatmen den »Aah«-Ton.

3 Fühlen Sie den Ton durch Ihren Körper schwingen. Lassen Sie ihn von Ihrem Bauch zu Ihrer Brust aufsteigen. Gehen Sie nun zu einem »Uuu«-Ton über. Heben Sie Ihn von Ihrem Rachen hoch in den Gaumen und zu Ihren Lippen, wobei Sie sie schließen. Lassen Sie den Ton als ein summendes »Mmm« raus. Lassen Sie ihn doppelt so lange wie die vorhergehenden Töne erklingen, und dann sanft ausklingen.

4 Bewegen Sie Ihre Finger nun zur nächsten Perle. Wiederholen Sie den »Aah-uuu-mmm«-Ton beim Ausatmen, fühlen Sie dabei die Energie von Ihrem Unterleib in Ihren Kopf wie in einen Resonanzkörper aufsteigen. Sollten Ihre Gedanken abschweifen, binden Sie sie wieder an die Töne an.

5 Arbeiten Sie sich auf dieselbe Weise durch alle 108 Perlen hindurch, indem Sie sie zwischen Ihren Fingern bewegen, während Sie den *Om*-Ton sanft wie fließendes Öl erklingen lassen. Sobald Sie die letzte Kugel erreicht haben, arbeiten Sie sich in entgegengesetzter Richtung zurück, und beachten Sie dabei, nie über die *meru*-Perle hinauszugehen.

6 Verharren Sie nach Beendigung der *Mantra*s ein paar Minuten in stiller Kontemplation, bevor Sie in die äußere Welt zurückkehren.

Japa-Yoga ...

Das Rezitieren heiliger Namen

Dieses *Mantra* enthält die wichtigsten Namen Krishnas: *Hare* gilt der Energie dieser Gottheit, *Krishna* bedeutet »der All-Anziehende« und *Rama* bezeichnet höchste Glückseligkeit. Durch das Singen der Namen füllt man Geist und Seele mit dem Göttlichen in seinem bewahrenden Aspekt an.

Glühende Verehrung eines persönlichen Gottes, *bhakti yoga*, ist ein Weg zur Selbsterlösung, denn indem man etwas liebt und sozusagen den Ton dafür hält, verbindet man sich unlösbar damit. Krishna-Verehrer zum Beispiel geben jeden Teil ihrer selbst dieser achten Inkarnation Vishnus hin, dem erhaltenden Aspekt der Hindugottheit, deren allumfassende Macht gegensätzliche und zerrüttende Energien im Universum zu vereinigen und einzufassen trachtet.

Singen Sie das *Mantra* (*siehe gegenüber*), das *Mahamantra*, das *Mantra der 16 Namen*, laut, um in *dhyana*, eine Meditation über die Attribute des Göttlichen, einzutreten. Mit Entschluss-

kraft, Liebe und mit Hilfe steter Wiederholungen können Sie so Geist und Seele für die Rückkehr in eine innere Landschaft der Erbauung vorbereiten. Beginnen Sie mit der Kontemplation des Bildes einer Gottheit.

1 Wiederholen Sie die gegenüberliegend abgedruckten Worte auf sehr bewusste und entschlossene Weise und bewegen Sie dabei die erste Perle nach der größeren *meru* oder Krishna-Perle zwischen Mittelfinger und Daumen. Bringen Sie beim Sprechen die Eigenschaften der Gottheit über den Ton zum Ausdruck.

2 Wiederholen Sie die Worte mit jeder Perle der *Mala* in tiefer Absicht und Hingabe, wobei Sie die Bedeutung der Worte – Attribute des Göttlichen – reflektieren und durch deren Wiederholung Assoziationen in Ihrem Geist herstellen. Sobald andere Gedanken einzudringen drohen, kehren Sie zur ursprünglichen, buchstäblichen Bedeutung der Wörter zurück.

3 Erfahren Sie mit jedem Wort die Präsenz des Göttlichen, erfahren Sie, wie es Ihre Klänge durchdringt. Lassen Sie die Eigenschaften dieses Aspekts des Göttlichen in sich hineinfließen. Verbinden Sie die Wörter mit dem Rhythmus Ihres Atems, langsam und aus Ihrem Bauch heraus. Fühlen Sie, wie die Wörter Sie von Resten der Wut und des Verlangens reinigen.

4 Wenn Sie die letzte der *Mala*-Perlen, bildlich gesprochen: den Gipfel des Berges Meru, erreicht haben, beginnen Sie sich zurück zu arbeiten. Bleiben Sie nach Vollendung von bis zu 16 Wiederholungen, vorwärts und rückwärts, ganz ruhig mit dem Bild der Gottheit in Ihrem Herzen sitzen. Führen Sie diese Erinnerung beim Eintritt in die alltägliche Welt mit sich.

Das Mahamantra

»Hare, Rama;

Hare, Rama;

Rama, Rama;

Hare, Hare;

Hare Krishna;

Hare Krishna;

Krishna, Krishna;

Hare, Hare.«

BUDDHISTISCHE MALAS

MALA-PERLEN UND ERLEUCHTUNG DURCH
Meditation gehören im Buddhismus zusammen. Tatsächlich stammen schon die Begriffe »Perle« (engl.: *bead*) und
»Buddha« aus derselben Quelle — dem Sanskrit-Wort
buddh, das »Selbst-Erleuchtung« bedeutet. Das letzte Ziel
jedes praktizierenden Buddhisten ist die Buddhaschaft
oder das *nirvana*: ein dauerhafter erhabener Zustand der
Glückseligkeit, der den Kreislauf von Geburt, Tod und
Wiedergeburt beendet. Das Singen und die Kontemplation mit Gebetsketten, *Malas*, stellt einen der wichtigsten
Pfade zu dieser Form der Erlösung dar und ist über Jahrhunderte in Tibet, China, Japan, Sri Lanka, Korea und Bur-
ma praktiziert worden. Die Gläubigen sollen frei von Sünde, voll der Tugend und rein im Herzen werden.

DAS LEBEN UND SINGEN MIT DEN GEBETSKETTEN

I n einem ewigen Murmeln hallen die Stimmen der Mönche wider, die in den Klöstern Tibets zusammen beten. Über das Singen mit Hilfe einer Kette von 108 Gebetsperlen erreicht der gläubige Buddhist den inneren Zustand erhabener Realität jenseits von Zeit und Raum.

Auf die Bitte, Licht in die Gesetze des Buddhismus zu bringen, hielt Siddhartha Gautama, der Buddha (563–483 v.Chr.), in seiner stillen Blumenpredigt lediglich eine Blume hoch, um sie schweigend zu betrachten. Diese Stille korrespondiert mit der mystischen Ruhe, die im erhabenen Zustand von *nirvana* herrscht. Dieses Wort kommt von dem Sankrit-Verb *nir-va* und heißt »ausblasen« – wie eine Kerze ausblasen. Es schlägt schlicht das Auslöschen fest verankerter Denk- und Verhaltensmuster vor, zurückzuführen auf das Verhaftetsein des Menschen in

den sinnlichen Freuden, die oft Hass, Eifersucht und Illusion nach sich ziehen.

Das Meditieren mit *Mala*-Perlen über den gegenwärtigen Zustand von *samsara*, der zyklischen Natur von Verhaftetsein und Leiden, lässt einen erkennen, dass alles, was man begehrt, endlich und Verhaftetsein also sinnlos und vergeblich ist. Mit Blick auf diese Wahrheit machen Buddhisten ihren Frieden mit der Vergänglichkeit aller Dinge. Nach und nach lernen sie, die Illusion von Beständigkeit aufzugeben, und befreien sich von den Fesseln des Zeitlichen.

DER ERHABENE ZUSTAND DES SEINS
Obgleich die meisten Religionen Gott als zugleich transzendentes und immanentes Wesen verehren, liegt die Betonung bei den Buddhisten nicht auf Gott, sondern auf dem erhabenen Zustand des Seins: Erleuchtung bzw. *nirvana*. In einer der am weitesten verbreiteten Formen des Buddhismus in China und Japan kann man diese letztgültige Wahrheit durch das Singen des Namens von *Amitabha* Buddha erlangen. Dreimal für

In Lhasa, Tibet, meditiert ein buddhistischer Mönch beim Verrichten seiner alltäglichen Arbeiten und trägt dafür stets eine Gebetskette bei sich.

Diese frei stehende Bud-
dhafigur aus Krabi in
Thailand weist alle kör-
perlichen Merkmale auf,
die den »Erleuchteten«
von *bodhisattvas* unter-
scheidet: Halb geschlos-
sene Augen deuten tiefe
Meditation an, verlänger-
te, durchstochene Ohr-
läppchen bedeuten den
Verzicht auf irdische Freuden und die »Buckello-
cken« *(ushnisha)* am Kopf,
symbolisieren Allwissen-
heit.

Buddha, *dharma* (spirituelle Lehren) und *sangha* (die buddhistische Gemeinschaft) wiederholt, lässt sich die Aussage, die man mit den Gebetsketten formuliert, um den Gläubigen zu diesem Zustand zu führen, übersetzen als »Ich nehme Zuflucht zum Buddha des Unendlichen Lichts«. Diese Anrufung, die im Sanskrit *Buddha nusmriti* lautet, *nien-fo* auf Chinesisch und *nembutso* auf Japanisch, bringt dem Individuum Erlösung. Über die Schutzkraft eines angerufenen Namens wie dem von *Amitabha* Buddha erwirbt sich der Gläubige in Hingabe und Dankbarkeit die Gnade des Angerufenen, des Benannten.

ANRUFUNG IM GEBET

Im tibetischen Buddhismus lautet das zentrale Gebet in Verbindung mit der *Mala: Om Mani Padme Hum* – »O, du Juwel im Lotus, heil!« Als angesprochener Juwel wird häufig der *bodhisattva* Avalokiteshvara, der Buddha des Erbarmens und des Mitleids, gesehen. (Ein *bodhisattva* ist ein selbstloses Wesen, das den Zustand individueller Erleuchtung erreicht hat, den Eintritt in das *nirvana* jedoch hinausschiebt und zur Erde zurückkehrt, um anderen auf ihrem Weg zur Selbstverwirklichung zu helfen.) Der Mahayana-Buddhismus ist die einzige Strömung dieser Religion, die *bodhisattvas* feiert.

Der Lotus, auf dem der Buddha thront, ist ein Symbol seiner Reinheit, der Freiheit von den Fehlern der zyklischen Existenz. Von Avalokiteshvaras weiblichem Gegenstück Tara, der dynamischen Göttin des Mitleids, heißt es, sie sei aus einer seiner Tränen geboren, als er über das viele Leid in der Welt weinte. Die Figuren Avalokiteshvara und Tara vereinigen männliche und weibliche Elemente, analog zum christlichen Gebet *Jesu Maria* und der hinduistischen Anrufung *Sita-Rama*. Als Pflanze der Verwandlung bezieht der Lotus seine Nährstoffe vom schlammigen Grund des Teiches, um eine duftende Blüte zu ernähren. Wie die Rose der römisch-katholischen Tradition steht der Lotus sinnbildlich für eine reine und bescheidene Seele, die ihre Blütenblätter zum Empfang der göttlichen Gnade öffnet, und zum Transzendieren des alltäglichen Lebens in einen Zustand ewiger Glückseligkeit bereit ist.

»*Es ist gut, seinen eigenen Geist zu beherrschen, der unkontrollierbar, schnell, stets seinen eigenen Wünschen folgt. Ein disziplinierter Geist führt zum Glück.*«

DER BUDDHA
(563–483 v.Chr.)

77

Während sie ihr Enkelkind zur Schule begleitet, lässt diese tibetische Buddhistin *Mala*-Perlen durch ihre Finger gleiten und rezitiert *Mantras*. Die Entsprechung dieser spirituellen Praxis im Christentum wäre das Beten mit dem Rosenkranz – ein Ritual, das in solch unterschiedlichen spirituellen Gemeinschaften wie den Katholiken, den griechisch und russisch Orthodoxen, den Anglikanern und den Anhängern des keltischen Christentums verbreitet ist.

DAS BETEN MIT DER BUDDHISTISCHEN MALA

Der japanischen Tradition von Nichiren zufolge steht die Zahl der 108 Perlen der buddhistischen Gebetsketten für die Anzahl der irdischen Wünsche von Normalsterblichen. In diesem Glaubenssystem kennt man die Kette als *jyuzu*, in China als *su-zhu*, und im Mahayana-Zen als *fozhu* und *ojuzu*.

Den Anfang des 108-Perlen-Kreises markieren eine Quaste oder Borte und eine Guru-Perle, als Erinnerung für den Gläubigen an die Bedeutung eines spirituellen Lehrers. Im Sanskrit bedeutet *gu* »dunkel« und *ru* »hell«: Der Guru führt also aus der spirituellen Dunkelheit heraus zur Erleuchtung bzw. zum Licht. Dies trifft besonders beim Buddhismus zu, in dem der Buddha eben weniger als Gott denn als hochgeachteter Lehrer verehrt wird.

Die Folge der regulären *Mala*-Perlen kann durch Perlen aus einem anderen Material unterbrochen werden, etwa an den Nummern 21 und 27. Die *jyuzu* enthält beispielsweise vier ähnlich gestaltete kleinere Perlen, die die vier Tugenden des Lebens des Buddhas repräsentieren. Es gibt auch zwei Mutterperlen und zwei Vaterperlen, die beide für den Buddha stehen. Zylindrische Perlen fungieren sozusagen als Behälter zur Aufbewahrung von Wohltaten, die man durch Beten angesammelt hat. Und einer tibetischen *Mala*, oder *trengwa*, kann beispielsweise durch *ghaus*-Gebetskästen mehr Glanz verliehen werden. Sie ist reicher verziert als ihr Hindu-Vorläufer. »Ewige Knoten« symbolisieren die Verbundenheit aller Dinge.

Zwei getrennte Schnüre mit zehn Perlen oder Scheiben enden in Blitzstrahl-Anhängern, *dorjes*, oder in kleinen Glocken. Diese ermöglichen das Zählen von 100 Runden, vorwärts und rückwärts, mit 108 Perlen, was 10800 Wiederholungen eines einzigen *Mantras* in einem Durchgang ermöglicht.

»*Malas repräsentieren den Buddha. Behandle sie so respektvoll, wie du den Buddha behandeln würdest.*«

IDO MIYAHARA (IN EINER REDE, 1986)

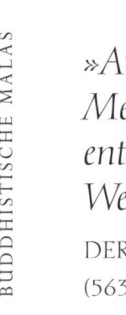

»*Aus
Meditation
entsteht
Weisheit.*«
DER BUDDHA
(563–483 v.Chr.)

Japanische *Malas* erfordern sogar noch ausgefeiltere Zählsysteme zur Errechnung von nicht weniger als 36.736 Durchgängen der gleichen Aussage. Über eine Unmenge an Wiederholungen wird der Geist jenseits des physischen Akts des Zählens in einen ursprünglichen, leeren Zustand, fern jeder Ablenkung, geführt.

Da sich *Mala*-Schnüre mit der Zeit abnützen und reißen, werden sie immer wieder neu aufgezogen. Diese Abnützung erinnert an Buddhas Unterweisungen über die Unstetigkeit und Vergänglichkeit des Lebens und folglich an die Notwendigkeit, das Nicht-Verhaftetsein zu erlernen.

ARMBÄNDER
Kürzere »Viertel«-*Malas* mit 27 Perlen wurden traditionell für den Gebrauch bei Prostrationsgebeten gestaltet. Idealerweise soll eine *Mala* jedoch niemals den Boden berühren. Im tibetischen Buddhismus führt man Zyklen mit 108 Prostrationen mit Handgelenks*malas*, *ngondro*, durch, womit man die drei »Juwelen« des Buddhismus ehrt – den Buddha selbst, die Lehren des *dharma* und *sangha* bzw. Schüler. So will man die menschliche

Seele vom schlechten Karma, dem universellen Gesetz von Ursache und Wirkung, reinigen.

HEILIGE PERLEN
Heilige Samen werden besonders intensiv angebetet. *Bodhi Malas* werden aus den Samen des Baumes gewonnen, unter dem Buddha in *Bodhgaya* im heutigen Nordindien seine ursprüngliche Erleuchtung erfuhr. Auch die Samen der heiligen Lotusblume werden hoch geschätzt, sie repräsentieren die Möglichkeit spirituellen Wachstums unter den widrigsten Umständen. Die *rudraksha*-Samen-*Mala* (*siehe S. 63*) findet vor allem bei Schutzgebeten in Tibet Verwendung.

Knochen-*Malas*, etwa aus Yakknochen, halten den Gläubigen dazu an, sich stets die Lehren Buddhas über die Vergänglichkeit der Welt zu vergegenwärtigen. Die meisten der heiligen *Malas* werden aus den Schädeln verstorbener Lamas gewonnen.

Halbedelsteine setzt man, besonders in Tibet, zur Verehrung von Gottheiten ein, die man mit den Eigenschaften oder der Farbe der Steine

放光王地蔵
元気で発育するよう
子育の楠を司どる

assoziiert: Zum Beispiel Türkis für die grüne Gottheit Tara, rote Steine für den Medizin-Buddha Sangye Menla. In traditionellen tibetischen *Malas* wehren türkisfarbene Amulette Gefahren ab und verhelfen zu Wohlstand. Sie können mit Perlen oder Scheiben aus Bernstein, Koralle oder Achat kombiniert sein, denen ähnliche Qualitäten zugesprochen werden.

Aufgrund der Erscheinung und Beschaffenheit des natürlichen Kristalls, mit der Klarheit spiritueller Weisheit assoziiert, glaubt man, er vermittle positive Energie. Das passt zu den buddhistischen Techniken zur Förderung einer beschaulichen, mitfühlenden Toleranz, etwa *metta*, eine Praxis liebevoller Freundlichkeit, in der man Selbstliebe auf alle Wesen ausweitet.

Drei Statuen von Buddhaschülern vor den Stein-Lotus am Daigan-ji-Tempel in Chugoku, Japan.

Das Lotus-Mantra ...

Om Mani Padme Hum

**Diese sechssilbige Anrufung lässt sich wörtlich übersetzen als
»O, du Juwel im Lotus, heil!«. Als das am meisten verwendete
Mantra des Mahayana-Buddhismus findet man es als Inschrift an
Felsen, Gebetsmühlen, *stupas*, *mani*-Steinen, Gebirgspässen, Woh-
nungseingängen und Dorfausfahrten.**

Das Lotus-*Mantra* beinhaltet den mächtigsten Ton sowohl für Hindus als auch für Buddhisten: *Om*. Das Wiederholen dieses heiligen Wortes besänftigt den Geist, kräftigt die
Seele und führt den Gläubigen so zum
höchsten Stadium des Daseins.

Tibetische Lehrer raten ihren Studenten,
wie ein Berg zu sein, stabil und unbeweg-
lich, und Geist und Gedanken zu beobach-
ten, als handle es sich dabei um den unendlichen Himmel, in dem Wolken verschiedener
Form und Farbe vorbeiziehen. Man sollte
versuchen, täglich mindestens 20 Minuten
lang zu beten.

1 Setzen Sie sich aufrecht an einem be-
quemen Platz nieder (*siehe S. 68–69*).

2 Schließen Sie Ihre Augen und nehmen
Sie sich Zeit, Ihren Körper und Geist
zu beruhigen. Fühlen Sie den Atem tief
in Ihrem Bauch und lassen Sie jedem
Einatmen seinen natürlichen Raum.

3 Beginnen Sie mit der Guru-Perle, lassen Sie dann jede »reguläre« Perle
durch Ihre Finger gleiten und rezitieren dabei das *Mantra*. Visualisieren Sie
die sechs Silben als sich drehende Spei-
chen eines Lichtrades. Nehmen Sie
diese friedliche Atmosphäre in sich auf
und projizieren Sie sie auf alle Lebewesen. Öffnen Sie schließlich langsam Ihre Augen, werden Sie sich Ihrer Umgebung bewusst, bewahren Sie aber noch
Ihre innere Ruhe.

DIE JAINISTISCHE MALA

Dieser jainistische Fries aus Pangandaran, Java, Indonesien, illustriert die Ablehnnung der Vorstellung eines Gottes als Schöpfer, Beschützer und Zerstörer des Universums im Jainismus. Stattdessen sind die Anbetungsrituale und die Spiritualität in einen menschlichen Rahmen eingebettet.

Mahavira, der Gründer des Jainismus, ist Buddha um rund 100 Jahre voraus. 23 *thirthankaras* (Propheten) kamen vor der Ankunft Mahaviras, der die Lehren aller vorhergehenden *thirthankaras* zu dem systematisierte, was heute als Jainismus bekannt ist. Wie die Buddhisten verehren Jainisten nicht einen Schöpfergott, sondern glauben an die Möglichkeit jeder Seele, in Form eines *siddha* selbst Gott zu werden und den Zustand ursprünglicher Glückseligkeit und somit *moksha*, die Erlösung aus dem Kreislauf der Wiedergeburten, zu erreichen.

DAS UNIVERSELLE GEBET

Anhänger des Jainismus versuchen ihre Seele mit Hilfe von *dhyan*, dem kontemplativen Beruhigen des Geistes, zu vervollkommnen. Dabei wird man von der wahren Natur des Selbst und des Universums verschlungen, geläutert und von den Fesseln des negativen Karmas befreit.

Das zentrale grundlegende *Mantra* der Jainisten, das *Navkar-Mantra*, oder das universelle Gebet, kann man mit einer *Mala* rezitieren. Statt Heilige zu erwähnen, lobpreist es die Tugenden aller spirituell erleuchteten Jainisten. Gläubige verneigen sich körperlich vor den höchsten Wesen, die spirituelle Selbstverwirklichung durch Opfer und Abstinenz erlangt haben. Sie ehren auch jene, die die Überlegenheit und Bedeutung des Geistigen vor dem Materiellen lehren.

Der Navkar-Mantra-Gruß erinnert Gläubige an den Weg, nach dem jeder Jainist strebt. Der erste Gesang gilt nicht den befreiten Wesen, sondern *arihantas*, die den Weg zeigen, da sie selbst ewiges Wissen gefunden haben und nicht mehr unter dem Verhaftetsein leiden, auch wenn sie selbst sterben müssen und zu *siddhas* werden. Das *Mantra* fährt dann fort mit der Verehrung der befreiten Seelen, die bereits *moksha* erreicht haben, und zollt den *acharyas*, den spirituellen Führern, Tribut sowie den *upadhyayas*, den Mönchen mit Spezialwissen über die heiligen Schriften. Das Gebet endet mit der Lobpreisung aller *sadhus* und *sadhvis*, Mönche und Nonnen, die die jainistische Philosophie beherzigen und die Regeln des Zölibats, der Gewaltlosigkeit und des Verzichts auf weltliche Freuden befolgen.

DAS UNIVERSELLE GEBET

»Namo Arihantanam

Ich verneige mich vor Arihantas

Namo Siddhanam

Ich verneige mich vor Siddhas

Namo Ayriyanam

Ich verneige mich vor Acharyas

Namo Uvajjhayanam

Ich verneige mich vor Upadhyayas

Namo Loe Savva-sahunam

Ich verneige mich vor Sadhus und Sadhvis

Eso Panch Namokaro

Diese fünf Grüße

Savva-pavappanasano

Zerstören alle Sünden

Manglananch Savvesim

Und unter allem, was verheißungsvoll ist,

Padhamam Havei Mangalam

Ist dieses Navkar-Mantra am verheißungsvollsten.«

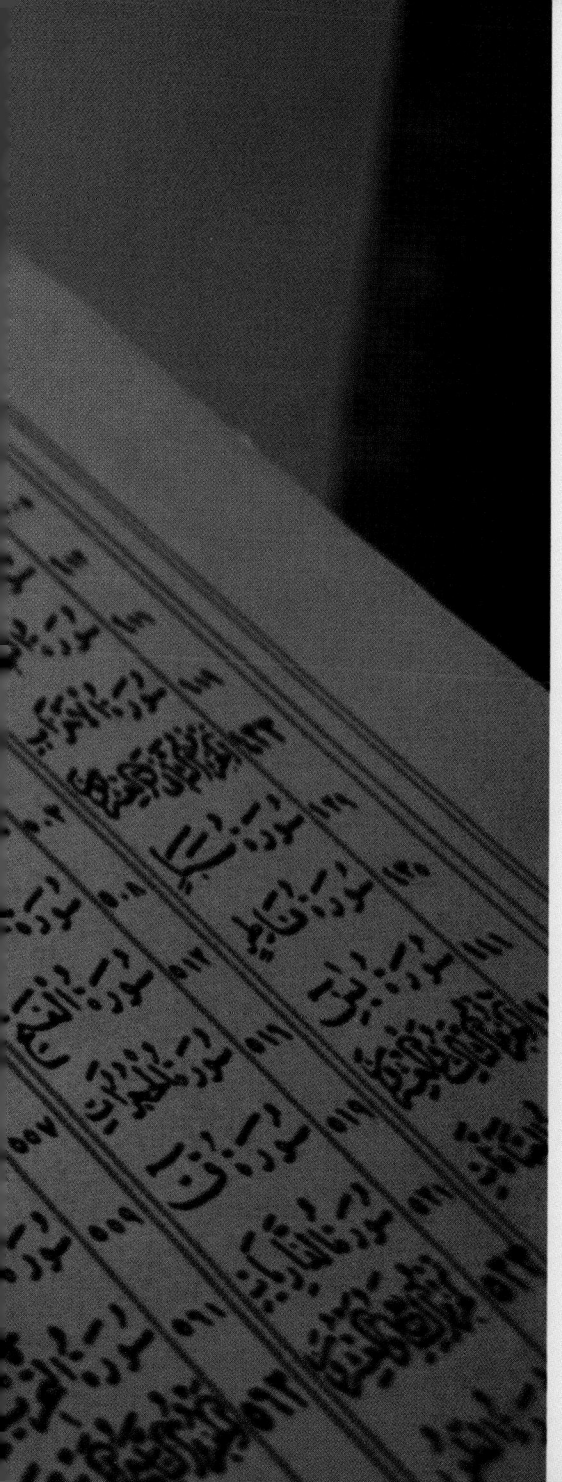

Der MUSLIMISCHE TASBIH

»DIE ANBETUNG IST DIE SÄULE DER RELIGION«, meinte der Prophet Mohammed ﷺ (570–632 n.Chr.). *Salat*, das Gebet, ist eine der Fünf Säulen, d.h. eines der essentiellen Rituale, auf denen der Islam ruht. Fünfmal täglich (im Morgengrauen, mittags, am Nachmittag, bei Sonnenuntergang und bei Einbruch der Nacht) rhythmisiert das Gebet fortwährend den Alltag und bietet Gelegenheiten, in Kontemplation vor Gott zu treten. Viele Muslime beten auch mit dem *Tasbih*, einer Gebetsschnur mit 99 Gebetsperlen; mit jeder Perle rezitieren sie die Namen Gottes oder wiederholen Grußformeln zum Ausdruck ihrer Verehrung und absoluten Hingabe an das Höchste Sein. Die Kraft jedes ausgesprochenen Namens unterstützt die Gläubigen in ihrer Kommunion mit Gott.

DIE LOBPREISUNG GOTTES

Im Rahmen einer Hadjdj, einer Pilgerfahrt, sollte jeder Muslim einmal in seinem Leben das Zentrum des Islam, die Kaaba, das Heiligtum in Mekka, Saudi-Arabien, besuchen. Im Koran heißt es, je tiefer die Niederwerfung ist, desto näher komme man der Präsenz des Göttlichen. Gemeinschaftliches Beten wird als wirkungsvoller angesehen als das einsame Gebet.

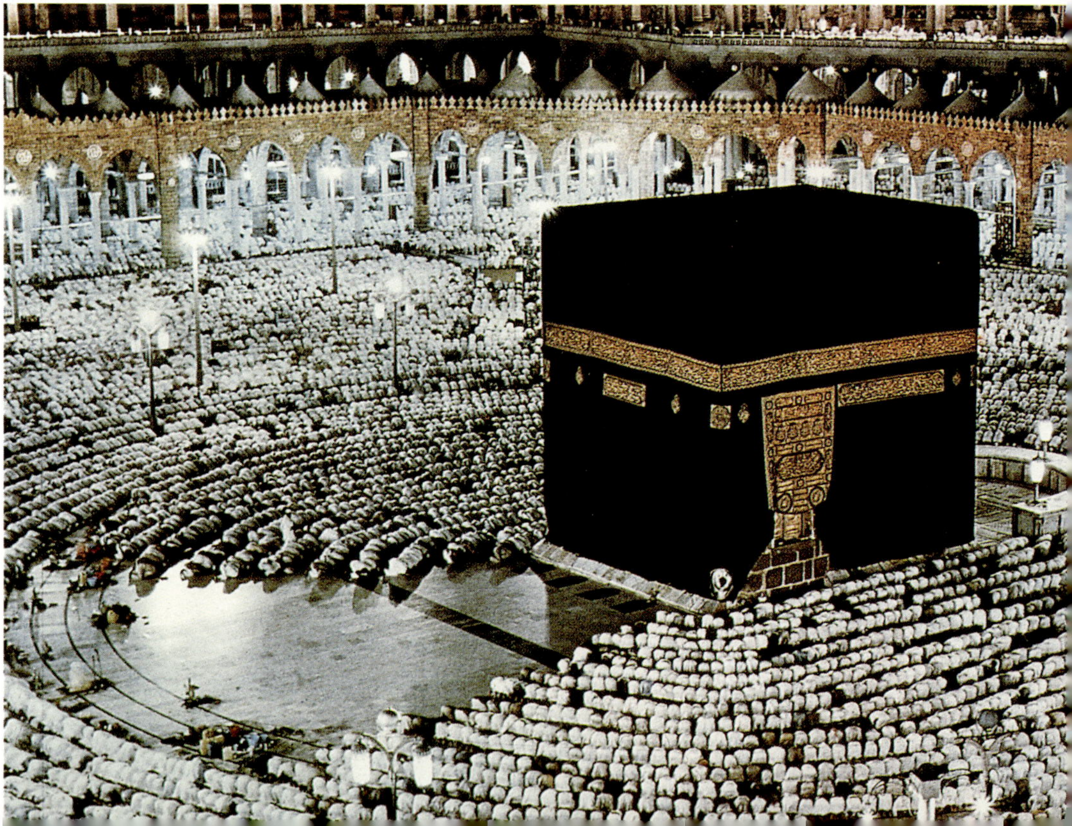

Das Wort *Tasbih* hat die arabische Wurzel »s-b-h«, was »lobpreisen« bedeutet. Jede der 99 Gebetsschnurperlen steht für einen der Namen bzw. der Attribute Gottes. Die Muslime glauben, Gottes göttliche Qualitäten verbinden sich in unterschiedlichen Gewichtungen zur Schaffung des Universums um uns herum, und alle Namen seien in dem einen Namen oder Wort Allah enthalten – im Arabischen interessanterweise ein Neutrum. Durch das Wiederholen des Namens beim Beten, ein heiliges Ritual, bekannt als *dhikr*, Erinnerung, hat der Gläubige an der Manifestation

Ein Mogul, eine Miniatur-Malerei aus dem 12. Jahrhundert von einem frommen Muslim aus Indien.

der Schöpfung teil. Normalerweise beenden Muslime jedes der fünf täglichen Gebete, indem sie folgende Wendungen 99-mal wiederholen und dabei jede Wiederholung auf der Gebetskette oder an den Fingern abzählen: *Subhana'llah* (Lob sei Gott); *Alhamdulillah* (Aller Ruhm gebührt Gott); *Allahu akhbar* (Gott ist groß).

DER AUFSTIEG

Der Prophet Mohammed ﷺ (570–623 n. Chr.) verglich die Anbetung mit einer Leiter, einem Pfad, über den die Menschheit zur Gegenwart Gottes aufsteigen könnte. In seinen Schriften über die Vorzüge der An-

betung charakterisierte der Mogul und mystische Gelehrte Shah Waliullah aus Delhi (1703–1761 n. Chr.) den Zustand während des Gebets als Versunkenheit, in der die Seele von Gottes Präsenz aufgenommen wird und in der man sieht, »was die menschliche Sprache nicht zu beschreiben vermag«. Er erklärte, die Körperhaltungen, die Muslime beim Beten einnehmen, seien eine Art Suche, der Versuch, in einem ekstatischen »Zustand des Lichts« aufzugehen. Mit dem Beugen des Kopfes zum Boden unterwirft der Muslim Willen und Sein dem Schöpfer. Die Prostration ist ein starkes Symbol menschlicher Niederwerfung vor der Majestät Gottes. Im Koran heißt es: »…wirf dich nieder und nähere dich« (96:19). Wiederholtes sich Erheben, sich Verbeugen und Niederwerfen sowie das Wiederholen geweihter Formeln beim Gottesdienst läutern Körper und Herz. Indem er die Verse wiederholt, die Gott direkt durch Mohammed ﷺ enthüllt hat, rückt der Gläubige nach und nach Gott und dem Reich des Göttlichen näher.

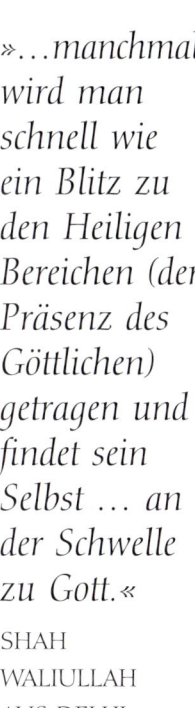

»…manchmal wird man schnell wie ein Blitz zu den Heiligen Bereichen (der Präsenz des Göttlichen) getragen und findet sein Selbst … an der Schwelle zu Gott.«

SHAH WALIULLAH AUS DELHI (1703–1761 n. Chr.)

DER TASBIH

»Wiederhole den Tasbih hundert Mal und Gott wird tausend Tugen-
den für dich aufzeichnen, zehn gute Taten für jede Wiederholung.«
DER PROPHET MOHAMMED ﷺ (570–632 n.Chr.)

Normalerweise besteht eine Gebetskette aus 99 Perlen, für jeden Namen oder für jedes Attribut Gottes eine. Bei manchen *Tasbih* sind es indes 33, die dann jeweils dreimal gebetet werden. Der hundertste Name, der Name der Essenz, findet sich im Paradies.

Der muslimische Rosenkranz ist in drei gleich große Teile gegliedert, abgetrennt voneinander durch eine Quaste oder Perlen, die sich in Farbe oder Form von den anderen unterscheiden. Eine einzelne längere Perle hält alle Perlen an ihrem Platz und zusätzliche Quasten, mit jeweils zehn Zählperlen versehen, ermöglichen mehrere Wiederholungen. Die Quaste am Anfang des *Tasbih* kennt man als *El-shaheed* (»der Zeuge«); die längere Perle ist das »A« oder *Alif*, die Quelle des Wissens und Bewusstseins.

GESCHENKE DER SCHÖPFUNG
Obgleich die Perlen theoretisch aus fast jedem Material gemacht sein können, benützt man meistens solche aus Edelsteinen, Terracotta, aus verschiedenen Holzarten, etwa Sandelholz, aus Rosen oder Oliven. So erinnert man sich ständig an die Verbindung mit Gottes Schöpfung. Terracotta-Perlen gewinnen noch an Heiligkeit, wenn sie aus Ton aus Mekka, dem spirituellen Zentrum der muslimischen Welt, gerollt wurden. Silber gilt auch als besonders geeignetes Metall für Gebetsperlen. Lapislazuli aus Afghanistan ist die traditionellere Wahl für Perlen, und Karneol soll eine besondere Verbindung zu dem Propheten Mohammed ﷺ haben, trug er doch einen Ring aus diesem Stein mit einer Inschrift und predigte, dass jeder, der diesen Stein trage, gesegnet sei.

DIE EINHEIT DER SPHÄRE

Nach dem Niedergang westlicher Gelehrsamkeit ab dem 3. Jahrhundert n.Chr. waren islamischen Mathematikern des Mittelalters die Wiederbelebung und Verfeinerung der Arbeit früher griechischer Wissenschaftler zu verdanken. Sie legten die Grundlage für das meiste mathematische Wissen, das dann in der Renaissance genutzt wurde. Ihren Gesetzen der Geometrie zufolge lassen sich alle Formen und Körper aus denen der Sphäre ableiten. Diese Fortschritte hatten großen Einfluss bei der Entwicklung islamischer Kunst, die sich mit komplizierten, auf den Teilen eines Kreises basierenden abstrakten Formen hervortat; all dies verweist auf das Unendliche, eine Fortsetzung ad infinitum. Die Perlen und die Form des *Tasbih* selbst stehen für dieses kosmologische Symbol.

Nach den vorgeschriebenen Gebeten kann man den *Tasbih* dem eigenen Ermessen entsprechend an verschiedenen Orten benützen: in einer Moschee, einer Privatwohnung, einem Park oder wie hier an einer Straßenecke in Bukhara, Usbekistan.

Beten mit dem Tasbih ...

Das Rezitieren der 99 Namen Gottes

Einschließlich des Namens *Al-'Ali* (Der Höchste) gibt es 99 »schönste Namen«, die mit Hilfe des *Tasbih* zu rezitieren der Prophet Mohammed ﷺ seine Anhänger ermutigt haben soll.

Der Prophet Mohammed ﷺ erklärte, »Kleidet euch mit den hervorragenden Qualitäten des Höchsten Gottes ... Gott hat 99 Tugenden: Wer eine davon anlegt, der wird mit Sicherheit in den Garten [Himmel] kommen.« Man kann auch einfach den Namen Allah rezitieren, der alle 99 Namen oder göttlichen Qualitäten enthält. Ferner kann jeder Name für sich ein Gebet werden: Ersetzen Sie das Präfix durch *Yaa*, eine Lobpreisung dieses Namens, und wiederholen Sie den Ausspruch 33-mal, indem Sie die Qualitäten des Namens voller Entschlossenheit und Hingabe meditieren, um seinen Segen zu erhalten. Im Krankheitsfall ist es beispielsweise unter Muslimen verbreitete Praxis, sich zu versammeln und das Gebet *Yaa Latif* (O Sanftmütiger) zu sprechen.

1 Beginnen Sie, indem Sie die erste Perle halten und sagen: *La ilaha illallah* (Es gibt keine Gottheit außer Gott). Rezitieren Sie dann, die Perlen zwischen den Fingern bewegend, einen der 99 Namen (*siehe gegenüber*) bei jeder einzelnen Perle.

2 Nach dem Sprechen des letzten Namens bei der letzten Perle sagen Sie *Al-hamdu lillahi rabbil' alamin* (Gepriesen sei Gott, Herr der Welten).

Die 99 Namen Gottes

»Ar-Rahman, der Wohltätige, der Gnädige; Ar-Rahmin, der Gnadenreiche; Al-Malik, der König, der Herr; Al-Quddus, der Heilige; As-Salam, der Frieden; Al-Mu'min, der Bewahrer, Verleiher des Glaubens; Al-Muhaymin, der Beschützer; Al-Aziz, der Mächtige; Al-Jabbar, der Zwingende; Al-Mutakabbir, der Erhabene, der Großartige; Al-Khaliq, der Schöpfer; Al-Bari, der Urheber; Al-Musawwir, der Gestalter; Al-Ghaffar, der Vergebende; Al-Qahhar, der Allmächtige; Al-Wahhab, der Verleiher; Ar-Razzaq, der Geber; Al-Fattah, der Öffner; Al-`Alim, der Allwissende, Al-Qabid, der Zügler; Al-Basit, der Mehrer, der Verbreiter; Al-Khafid, der Herabsetzer; Ar-Rafi', der Erheber; Al-Mu`izz, der Ehrende; As-Sami`, der Allhörende; Al-Basir, der Allsehende; Al-Hakam, der Richter; Al-`Adl, der Gerechte; Al-Latif, der Sanftmütige, der Edle, der Anmutige; Al-Khabir, der Bewusste; Al-Halim, der Zurückhaltende, der Milde; Al-`Azim, der Großartige; Al-Ghafur, der Vergebende; Ash-Shakur, der Dankbare, der Vergelter des Guten; Al-`Ali, der Hohe, der Erhabene; Al-Kabir, der Große; Al-Hafiz, der Bewahrer; Al-Muqit, der Ernährer, der Erhalter; Al-Hasib, der Abrechner; Al-Jalil, der Majestätische; Al-Karim, der Gütige, der Großzügige; Ar-Raqib, der Beobachtende; Al-Mujib, der Verantwortliche, der Zuhörende; Al-Wasi`, der Allumfassende, der Universelle; Al-Hakim, der Weise; Al-Wadud, der Liebende; Al-Majid, der Ruhmreiche; Al-Ba`ith, der Erwecker; Ash-Shahid, der Zeuge; Al-Haqq, die Wahrheit; Al-Wakil, der Bevollmächtigte, der Treuhänder; Al-Qawi, der Starke; Al-Matin, der Feste, der Stetige; Al-Wali, der beschützende Freund; Al-Hamid, der Lobenswerte; Al-Muhsi, der Rechnende; Al-Mubdi', der Hervorbringer; Al-Mu`id, der Wiederhersteller; Al-Muhyi, der Lebenserhalter; Al-Mumit, der Todbringende; Al-Hayy, der ewig Lebende; Al-Quayyum, der sich selbst Erhaltende; Al-Wajid, der Glanzvolle; Al-Majid, der Ruhmreiche; Al-Wahid, der Einzigartige; Al-Ahad, der Eine; As-Samad, der Versorger, die ewige Hilfe der Schöpfung; Al-Qadir, der Allmächtige; Al-Muqtadir, der Mächtige; Al-Muqaddim, der Beförderer, der Vorwärtsbringer; Al-Mu`akhkhir, der Verzögerer; Al-Awwal, der Erste; Al-Akhir, der Letzte; Az-Zahir, der Manifeste, der Äußere; Al-Batin, der Verborgene, der Innere; Al-Wali, der Herrscher; Al-Muta`ali, der hohe Erhabene; Al-Barr, der Rechtschaffene; At-Tawwab, der Reue Annehmende; Al-Muntaqim, der Rächer; Al-`Afuw, der Verzeihende; Ar-Ra`uf, der Gnädige; Malik-ul-Mulk, der Inhaber der Souveränität, der Herr der Welten; Dhul-Jalali-wal-Ikram, der Herr der Majestät und der Geehrte; Al-Muqsit, der Gerechte; Al-Jami`, der Versammler; Al-Ghani, der Reiche, der Unabhängige; Al-Mughni, der Reichmachende; Al-Mani`, der Verhinderer, der Schadenabwendende; Ad-Daarr, der Erzeuger von Not; An-Nafi`, der Hilfreiche, der Wohltäter; An-Nur, das Licht; Al-Hadi, der Führer; Al-Badi', der Unvergleichliche; Al-Baqi, der ewig Währende; Al-Warith, der Erbe; Ar-Rashid, der Führer zum rechten Weg; As-Sabur, der Geduldige.«

DIE MYSTIK DER SUFIS

Für jene, die den Prozess der spirituellen Entwicklung beschleunigen wollen und können, bietet der Sufismus eine innere oder esoterische Dimension des Islam. Der Suchende wird Schüler eines Meisters, eines *sheikh* (das arabische Wort für einen älteren weisen Mann). Diese Weisen führen ihre Traditionslinie bis zum Propheten Mohammed ﷺ zurück. Sie bieten frommen Muslimen Anleitung beim Wiedererlangen der *fitra*, der reinen ursprünglichen Natur des Menschen.

Der Schüler eines Sufimeisters versucht stets, alle Gebote betreffend der Gebete, der Fastenzeiten, der Nächstenliebe und der anzutretenden Pilgerreisen zu befolgen, wie sie auch für die anderen praktizierenden Muslime gelten. Darüber hinaus wird auch der Gebrauch des *Tasbih* zwei- oder dreimal täglich erwartet, auf dass man einen Zustand ständiger Vergegenwärtigung Gottes erreiche. Tägliche Gebetsrituale mit dem *Tasbih* helfen dem Suchenden, den Einfluss des Egos durch die Konzentration so-

wohl des Herzens als auch des Geistes auf Gott auszuhöhlen. Von den Schülern wird auch erwartet, dass sie sich regelmäßig in völlige Abgeschiedenheit, *khalwas*, begeben und sich zu Treffen der spirituellen Bruderschaft einfinden.

STÄNDIGES BEWUSSTSEIN

Beim *dhikr*-Ritual (Erinnerung von Gottes Namen durch Wiederholung des Göttlichen Namens oder anderer Formeln) wendet sich der Sufi nach innen, um in Gottes Präsenz zu sein. Verschiedene Formen von *dhikr* passen zu unterschiedlichen Gelegenheiten und Tageszeiten (vor dem Schlafengehen, beim Aufwachen, mittags, nach den fünf täglichen Gebeten) und können mit der Meditation von Koranversen einhergehen. *Dhikr* beinhaltet das Rezitieren der 99 Namen Gottes oder, mit der Erlaubnis des *sheikh*, des Wortes Allah. Dabei garantiert der *Tasbih* einen spirituellen Zustand gottgefälliger Versunkenheit. Andere Formeln lauten: *La Ilaha illallah* (Es gibt keine Gottheit außer Gott); *Alhamdu-*

lillah (Alles Lob gebührt Gott); *Allahu akhbar* (Gott ist groß); und *Astaghfiru llha* (Möge Gott mir vergeben).

Während der Anrufung soll sich der Sufi-Schüler auf seinen Herzschlag konzentrieren, auf dass alles außer Gott verschwinde. Jeder Atemzug soll vom Bewusstsein des Göttlichen durchdrungen sein. Andere Techniken wie die der *Mevlevi*, der »wirbelnden Derwische«, in der Türkei beinhalten rhythmische Bewegungen: Drehungen nach rechts

repräsentieren den Körper und die Welt; die nach links symbolisieren das Herz. Es gibt drei Stufen von *dhikr*: Auf der ersten sind die Rezitationen rein verbal; auf der zweiten Stufe verbinden sich Zunge und Herz des Suchenden zur Öffnung des Herzens durch den höchsten Namen; schließlich wird *La ilaha illallah* erreicht, wo es keine Wirklichkeit außer Gott gibt. Der größte Erfolg ist *fana fi Allah* (die Auslöschung des Selbst in Gott).

Derwisch-Orden in der Türkei, in Albanien, Syrien, Tunesien und Äthiopien setzen beim *dhikr* Tanz und Musik zur Überbrückung der Kluft zwischen dem Menschen und dem Schöpfer ein. Derwische entsagen der materiellen Welt zugunsten von Gott.

Beten mit dem Tasbih ...
Der Weg der Sufis

Auf dem mystischen Weg des Islam führt der Schüler normalerweise zwei- oder dreimal täglich mit dem *Tasbih* »wird« durch – ein speziell vom Meister bestimmtes Gebet. Man übt den Tod des Ichs und die Neubildung der Seele in ihrer ursprünglichen reinen Natur, was einer Wiedervereinigung mit Gott gleichkommt.

Man kann den Weg eines Sufireisenden mit dem Weg vergleichen, den ein Christ mit dem geweihten Ritual der heiligen Kommunion beschreitet.

Sowohl Muslime als auch Christen vollziehen eine Entleerung des Selbst, einen »Tod« aller Dinge, die in ihnen unheilig oder unheilvoll sind. Dieses Stadium innerer Läuterung lässt sich mit dem Tod des heiligen Johannes vom Kreuz (1542–1591 n.Chr.) vergleichen und findet sich in folgender Formulierung: »Stirb, bevor du stirbst.« Nach diesem Entleeren oder »Tod« kommt die Neubildung oder Auferstehung, die dem christlichen Mystiker Meister Eckhart (1260–1328 n.Chr.) zufolge zu einer Vereinigung mit dem Göttlichen und zu ewigem Leben führt.

1 Die erste Stufe beinhaltet einen Akt der Reue, ein Entleeren des niederen Selbst, oder *nafs*. Ein Muslim, der zur Wiederherstellung seiner ursprünglichen reinen Natur entschlossen ist, wird 99-mal *Astagfir Allah* (Möge Gott mir vergeben) wiederholen. Dieses Glaubensbekenntnis spricht der Anwärter erfüllt vom Wunsch nach Wandlung aus; man kennt es auch als *tawbah*, Wendung. Die entsprechende christliche Geste wäre das Beten von *Kyrie eleison* (Gott, erbarme dich, Christus, erbarme dich) vor dem Erreichen des Altars und dem Empfangen der Sakramente bei der Kommunion.

2 Auf der zweiten Stufe des Gebets mit dem *Tasbih* hält der betende Muslim bei jeder Perle inne und wiederholt *Allahumma salli ala sayyidna Muhammad* ﷺ (Gesegnet und gepriesen sei der Prophet Mohammed ﷺ) mit der Absicht, *fitra* wiederzufinden, den Zustand des Wahrhaftigen Mannes oder der Wahrhaftigen Frau. Im Christentum könnte man vielleicht eine Parallele ziehen zwischen dem Warten auf den Empfang des Brotes und des Weines, Leib und Blut Christi. Wenn das Wort Gottes, *logos*, in die Leere des Gläubigen dringt, erlangt er wieder eine Christus ähnliche Natur und reformiert somit sein Selbst.

3 Auf der letzten Stufe streben sowohl Muslime als auch Christen eine Vereinigung oder Rückkehr zu der Göttlichen Quelle allen Seins an. Der Muslim wiederholt 99-mal *La ilaha illallah* (Es gibt keine Gottheit außer Gott), womit er die Abwesenheit von allem, was nicht Gott ist, bezeugt – er sieht weder das Gefäß, angefüllt mit sich selbst, noch das leere Gefäß, angefüllt mit dem Wahrhaftigen Mann oder der Wahrhaftigen Frau. Sowohl Christen als auch Muslime wollen die Rückkehr zu dem Einen, der Quelle aller Schöpfung.

DIE GEBETSKETTEN DER NORD-AMERIKANISCHEN INDIANER

FÜR VIELE EINGEBORENE VÖLKER AMERIKAS wie den Huichol in Mexiko, den Ojibwe in Kanada und den Irokesen in den USA ist die Herstellung von Perlenschmuck und Perlenverzierungen, wie in anderen Traditionen das Rezitieren der Rosenkranzgebete, ein ehrerbietiges sich wiederholendes und also meditatives Ritual, das die Erfahrung des »Herzschlags der Schöpfung« ermöglicht und dabei einen Weg zum Bereich des Göttlichen eröffnet. Auf diese Weise reichen sie ihre wichtigsten Mythen – das Lebenselixier einer Gemeinschaft – weiter, so wie der Rosenkranz überlieferte Gebete in die Köpfe der Glaubensgemeinschaft einprägt. Schon mehr als 8000 Jahre lang werden Perlen als Geschenke Gottes betrachtet, gehandelt, bei Liedern und Abkommen aufgereiht, zum Markieren von Übergangsriten und zum Feiern religiöser Zeremonien verwendet.

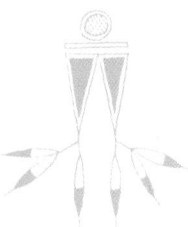

DER TANZ MIT DER GEISTERWELT

Die spirituellen Praktiken der eingeborenen Völker Nordamerikas unterscheiden sich erheblich voneinander: Jeder Stamm hat seine einzigartigen
mündlichen Überlieferungen, Lehren, eine
Mythologie, Kosmogonie und seinen
Stammbaum. Bei vielen Stämmen haben
Jahrhunderte des Blutvergießens, der Un-
terdrückung und erzwungener Konvertie-
rung zum Christentum durch Missionare
und Siedler die mündliche Tradition zer-
stört, durch die religiöse Glaubensinhalte
über Generationen hinweg weitergereicht
wurden. Erst mit dem Gesetz zur Religions-
freiheit (1978) drohten den Indianern keine
Gefängnisstrafen von bis zu 30 Jahren mehr
für das Ausüben ihrer Spiritualität.

Ein herausragendes Merkmal der 250 unterschiedlichen Gruppen, aus denen sich im
21. Jahrhundert die *Native American Nation* zu-
sammensetzt, ist ein Reichtum an spirituel-
lem Leben, der sich völlig mit dem säkularen
Alltagsleben verbindet und in ihm aufgeht.
Viele Stämme teilen den Begriff eines einzigen Schöpfergottes, den die Lakota-Indianer

Wakan-Tanka (Großer Geist) nennen und der
sich in allen Dingen manifestiert. Er wird
durch alle Teile des Universums verkörpert –
und verkörpert diese selbst.

Jede Handlung wird zu einem Ritual der
Verehrung der Vereinigung mit dieser uranfänglichen Macht. Ist das Göttliche in allen
Naturelementen erkennbar – der Sonne,
dem Wind, dem Licht, der Dunkelheit, dem
Wasser, der Erde, dem Mann und der Frau
–, dann verwandelt sich das Leben selbst in
ein fortlaufendes Gebet: Die Jagd, die Ern-
te, sogar das Ritual des Ankleidens übernehmen die Funktion einer Brücke oder eines
Tanzes zwischen den physischen und den
spirituellen Welten.

FORMEN DES GEBETS

Vision quest (Visionssuche) ist ein weit ver-
breitetes Gebetsritual, bei dem man sich allein in die Wildnis zurückzieht. Durch Fas-
ten und Kontemplation nähert sich der
Suchende der Geisterwelt an und wird mit
spiritueller Einsicht belohnt. Bei einer anderen Form einer Gebetszeremonie, der

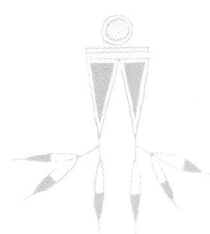

> *»Das Herz ist ein Heiligtum, in seinem Zentrum befindet sich ein kleiner Raum, in dem der Große Geist wohnt. Dies ist das Auge, durch das Er alle Dinge sieht und durch das wir Ihn sehen können.«*
>
> SCHWARZER ELCH (1863–1950), OGALA-DAKOTA-PRIESTER

Schwitzhütte, reinigt und läutert man sich, indem man sich nackt auf eine Begegnung mit Gott vorbereitet. Mit der Pfeife, dem heiligen Objekt, das die amerikanischen Indianer am häufigsten in ihren alltäglichen Ritualen einsetzen, wird Tabak in Rauch verwandelt und die Gebete mit dem Rauch zum Großen Geist getragen. Beim ständigen Wiederholen eines heiligen Namens während des Rauchens durchdringt das Göttliche den Suchenden vollständig. Die Pfeife dient als lebendige Erinnerung an die Notwendigkeit ständigen Betens und ist eine Art Sprachrohr für den Schöpfer, um seine alles durchdringende Macht auszudrücken.

Das Schmücken mit Perlen ist ein wesentlicher Bestandteil von Gebetszeremonien und geht mit dem Pfeifenritual einher. Patronengurtartige »Doktortaschen«, von betenden Frauen mit Perlen verziert, werden bei Heilungs- und Initiationsritualen von verehrten Älteren getragen. Sie weisen oft Darstellungen von Visionen und kosmologische Symbole wie den Himmelsbaum der Irokesen auf.

BETEN MIT DER PFEIFE

In der Stammestradition der Crow sollen Gläubige jeden erlebten Tag durch Gebete mit der Zeremonienpfeife ankündigen und besiegeln. Die entzündete Pfeife wird zu Ehren von *Acbadadea*, dem Schöpfer aller Dinge, hochgehoben, dann in Richtung Mutter Erde nach unten gewendet, schließlich rituell in alle vier Himmelsrichtungen und in Richtung der Medizinväter (Tiere und Naturobjekte, durch die man Segnungen und Geschenke Gottes empfängt) gedreht. Beim Beten mit Rauch ruft man seinen eigenen Medizinvater an und bringt, wenn der Tabak beinahe aufgeraucht ist, persönliche Gebete dar. Da Tabak für die Lakota die Schöpfung repräsentiert, wird der Gläubige mit dem Tabak regelrecht in das Universum »gesaugt«. Das Teton-Dakota-Ritual der in alle vier Himmelsrichtungen erhobenen Pfeife öffnet die Tore, auf dass das göttliche Wesen durch die Pfeife in den Rauchenden einfließen kann und wieder heraus – um alles im Universum zu weihen.

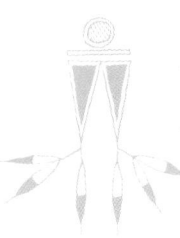

HEILIGER PERLENSCHMUCK

Traditionell glaubte man, das Göttliche sei in jedem Teil der Perlenverzierungen enthalten, und zwar in Form der heiligen Motive, in der dargestellten Natur – und gewissermaßen auch in der Hingabe des Produzenten: Ob per Webstuhl oder von Hand genäht, die Tätigkeit des Schmückens mit Perlen wurde als geweihte Tätigkeit angesehen. Technische Perfektion und achtsame Konzentration kamen hier zusammen. Frauen verstanden die Arbeit als ein heiliges Zeichen oder einen Schwur aus tiefstem Herzen, und das vollendete Werk galt als eine Art Gebet, gewidmet auch dem Empfänger des Werks. Beim Arbeiten mit den Perlen sollte man gute Gedanken haben, sich in Kontemplation über die Natur befinden und die winzigen Perlen als Gaben aus der Geisterwelt achten: Mit dem Ausgangsmaterial Stein, Knochen, Horn, Stachel oder Muschel kommen sie ja auch direkt aus der Erde oder dem Wasser.

Eingeborene Perlensticker freuten sich über die Ankunft winzigen Muschelwerks oder über Formen aus Glas, die Columbus' ersten Gaben an die Arawak-Indianer der Bahamas 1492 folgten. Hoch geschätzt wurden synthetische Perlen wegen ihrer Farbe und symbolträchtigen Erscheinung. Die harte

Transparenz und der wasserähnliche Glanz von Glas erinnerten an Kristall, eine machtvolle Linse zur Betrachtung der Seele – und eine Verbindung zur Geisterwelt. Viele Wörter der Algonkin für Glas, Spiegel und Metall, stehen z.B. in direkter Verbindung zu Wörtern für das Sehen und die Seele. Der Name des Göttlichen, *Manito*, der Ojibwa in Ontario wird übersetzt als »Spiegel«.

Am beliebtesten waren bald die Glasperlen, die Samen und Beeren ähnelten. Anishnabe-Perlensticker nannten sie *manidoominens*, Geschenk des Großen Geistes, oder *Manidoo*.

Bei ihrer ersten Begegnung mit dem Christentum prallten verschiedene Stile der Perlenstickerei und Begriffe der Spiritualität aufeinander. So unterrichteten im 18. Jahrhundert Ursulinennonnen Ojibwa-Mädchen in europäischen Stickereitechniken.

GESCHICHTS-PERLEN

Perlen verwendete man auch zum Aufzeichnen von Informationen. Wampun-Ketten-Gürtel mit Perlen aus violetten oder weißen Muscheln besiegelten Verträge und dokumentierten Lieder und Zeremonien. Geschichtenerzählen war Bestandteil gemeinschaftlicher Perlensticker-Sitzungen, bei denen wesent-

liche Glaubensinhalte und Mythen weiterge-
geben wurden. Geschichten-Schnüre –
Ketten aus Perlen an Tierfiguren – sollen zum
Geschichtenerzählen benützt worden sein.
Manche sagen, diese Tradition stamme aus
dem Zusammentreffen der Kultur der Indianer mit den Rosenkränzen der Missionare.
Allerdings ähneln die Geschichtenketten auch
den Amulett-Halsketten der Tairona-Indianer
aus Kolumbien (800–1500 n.Chr.).

Für Mexikos Huichol-Indianer bedeuten
Perlen noch heute Glaubensinhalte und die
Überlieferung einer alten, insgesamt durch
mündliche Kulturtradition geprägten Ge-
sellschaft. So bleibt die Tätigkeit des Perlen-
stickens untrennbar mit der des Betens und
dem Bereich des Spirituellen verbunden.

In Amerika stellt das Schmücken mit Perlen, wie es die
Huichol-Indianer in Mexiko und im Südwesten der
USA praktizieren, ein ebenso machtvolles Mittel zur
Verehrung dar wie das Objekt, das dabei entsteht.
Symbolische Farben, Formen und Materialien, oft in
Visionen empfangen, verweben die Geisterwelt mit
physischen Gegenständen wie den perlengeschmück-
ten *jicara*-Gebetsschüsseln, die zu Behältnissen eines
Glaubens an die Verbundenheit aller Dinge werden.
Wie die ursprünglich beim Schmücken benützten Sa-
men zu nährstoffreicher Nahrung heranreifen, so brin-
gen die an Schüsseln angebrachten Perlen in heiligen
Mustern Gebete zur Fruchtreife.

AMULETTE
UND
MEDITATION

IM LAUFE IHRER GESCHICHTE HAT die Menschheit Perlen nicht nur als Ausdruck religiöser Andacht aufgezogen, gezählt und getragen. Sie dienten auch der Meditation, zur Sammlung des Geistes und zur Problemlösung und um Furcht zu vertreiben mit Hilfe einer archetypisch schützenden Kraft, die ihnen innewohnt. Ob es sich nun um von der Meeresbrandung durchlöcherte Steine, um Glücksbringer aus Plastik, um Kraftperlen oder Rosenkränze handelt, die am Rückspiegel eines Autos angebracht werden – diese Gegenstände helfen den Menschen, etwas Distanz zu den Alltagsschwierigkeiten zu gewinnen und ihre Gemüter zu beruhigen.

KOMBOLOI – SORGENPERLEN

Das Wort *Komboloi*, die Bedeutung für griechische Perlenketten zur Ableitung von Gefahren, Sorgen und Anspannung, kommt von *kombos*, was »eine Anzahl von Knoten« bedeutet, und von *loi*, »eine Gruppe, die zusammenbleibt«. Zwar handelt es sich bei ihnen nicht um religiöse Objekte als solche, das Wort *komboloi* kommt einem der Ausdrücke aus der griechisch-orthodoxen Tradition für Gebetsschnüre – *kombologion (siehe S. 38–39)* – jedoch zu nahe, als dass es hier keine historische Verbindung geben sollte. Manche Historiker meinen, der tägliche Gebrauch von Gebetsketten in Griechenland lasse sich auf die 400 Jahre währende türkische Herrschaft nach dem Fall von Konstantinopel 1453 zurückführen. Wenngleich 16–20 Perlen pro Kette allgemein die verbreitete Anzahl ist, haben manche *Komboloi* auch 33 Perlen wie die kürzeren *Tasbih*, die Gebetsketten der muslimischen Eroberer. Plastik oder Bernstein sind die bevorzugten Materialien. Seit der Altsteinzeit hat man diese Ketten aufgrund ihrer schützenden Kraft getragen: Harzketten schätzt man beispielsweise für die elektrische Spannung und die Wärme des Materials. Die im Allgemeinen großen Perlen sind mit Troddeln und Heiligenmedaillen – meist mit dem Motiv des heiligen Christophorus – oder mit Talismanen, einschließlich Würfeln und Perlen mit blauen Glasaugen verziert.

Auf den griechischen Inseln zählen die Einwohner die Perlen, lassen sie durch die Finger gleiten und haben die Kette bei ihren Alltagstätigkeiten um die Hände gewickelt. Dies dient nicht zum Beten, sondern als eine Art säkulare und geistige Konzentrationsübung, eine Möglichkeit, den Körper und Geist zu entspannen, indem man den Körper mit einem Rhythmus, einem Klang und dem Fühlen beruhigt. Wie

bei ihrem religiösen Gegenstück ist der Beweggrund für diese Gewohnheit zunächst ein allgemeines Bedürfnis nach Ruhe und Wohlbefinden. War dies einst reine Männersache, benützen heute auch immer mehr Frauen diese Ketten. Manche sagen, diese Ketten hätten ihnen als Mittel zur Stressableitung und Ablenkung von Problemen, beim Aufgeben schlechter Gewohnheiten wie Rauchen oder Esssucht geholfen.

Auch in anderen Traditionen wurden religiöse Gebetsketten säkularisiert. Im mandschurischen China etwa wurde die buddhistische *Mala* mehr und mehr, wie die *Komboloi*, auch im nicht-religiösen Kontext verwendet. Malereien aus dieser Zeit zeigen Beamte beim Gebrauch von *Malas* als Rechenhilfe. Des Kaisers Gebetskette aus wertvollen Perlen verweist auf den Gebrauch der heutigen Perlenhalskette.

PERLEN GEGEN DEN BÖSEN BLICK

In verschiedenen Kulturen sind talismanartige Perlen gegen den bösen Blick, in Griechenland bekannt als *matia*, Teil von Ketten oder geknoteten Schnüren; sie dienen dazu, Gefahren, Ängste und Sorgen abzuwehren. Sogar manche der Kreuze an griechisch-orthodoxen Gebetsketten enthalten *matia*-Perlen. Diese Perlen sind kobaltblau und aus Glas. In manchen findet sich ein Augenmotiv aus mehreren Lagen von weißem und gelbem Glas. Aber auch eine einzelne blaue Perle, wie man sie etwa in Griechenland und Indien findet, genügt als Perle gegen den bösen Blick. Diese Perlen sollen die Macht des bösen Blicks brechen, indem sie ihn über das Glas der Perle bzw. seiner Reflexion von den eigenen Augen abwenden. Im Allgemeinen tragen sie Babys und Kinder zum Schutz am Hals.

TRADITIONEN ÜBERNEHMEN

Ganzen Generationen von Menschen fehlen Glaubenstraditionen und Meditationstechniken zur Beruhigung des Geistes. Vor diesem Hintergrund gewinnt der Zustand religiöser Versenkung, wie ihn Gläubige über den Gebrauch von Gebetsperlen suchen, immer mehr an Reiz. Kraftarmbänder – 9, 21 oder 27 meist Halbedelsteine, die man wie die buddhistischen Armreif-*Malas* um das Handgelenk trägt – lässt man wie die griechischen *Komboloi* durch die Finger gleiten, um Stress abzubauen. Viele Interessierte suchen sich wiederum unterschiedliche Halbedelsteine aus und stellen sich daraus selbst Ketten zusammen. Andere übernehmen den katholischen Rosenkranz, um dann damit auch heidnische Gottheiten ihrer Wahl zu ehren.

HEILKRAFT

Aufgrund ihrer Herkunft aus der Millionen Jahre alten Erdkruste enthalten Halbedelsteine die uranfänglichen Farben der Natur. Quer durch die Kulturen ehrt man sie für eine Art Rückführung zu oder Rückbindung an die Elemente. Sie sollen Körper, Geist und Seele wieder in ein Gleichgewicht – oder schlicht Glück bringen. Den Felskristall etwa halten eingeborene Völker an solch unterschiedlichen Orten wie Tibet, Australien und Amerika für den mächtigsten Stein. Er dient als Vehikel zum Eintritt in andere Welten. Zudem soll er Energie absondern, die eine Reinigung und die Lösung von Energieblockaden in den *Chakras (siehe S. 67)* bewirkt.

Bei der Auswahl spezieller Perlen zur Meditation orientiert man sich an farblichen Eigenschaften von Steinen oder auch an astrologischen Zusammenhängen. Blauen Steinen wie Lapislazuli und Aquamarin schreibt man z.B. eine reinigende und schützende Wirkung zu. Gelb-rote Steine wie Granat sollen das Herz läutern und stärken und weibliche Energie repräsentieren.

Die Heilwirkung von Kraftarmbändern wiederum beruht auch auf der bei der Herstellung verwendeten Achtsamkeit. Unterstützen kann man sie mit Hilfe von Bekräftigungen, *Mantras* oder Atemübungen. Auch zur Wahrsagerei lassen sich diese Ketten verwenden: Wählen Sie aufs Geratewohl eine Perle aus, stellen Sie Ihre Frage und lassen Sie dann jede verbleibende Perle durch Ihre Finger gleiten, indem Sie mit »ja« oder »nein« auf Ihre eigene Frage antworten – bis Sie die letzte Antwort bei der großen Perle erhalten.

Auch das Stimulieren von Akupunkturpunkten an der Hand zur Förderung von Vitalität, Ausgewogenheit und Einfühlungsvermögen lässt sich mit den Perlenarmbändern bewerkstelligen. Historisch betrachtet, sind bestimmte Punkte auf der Hand immer durch das Zählen angeregt worden, sei es beim Beten oder beim Errechnen von Summen.

DIE VEREHRUNG DER GÖTTIN

Rosenkränze kommen in immer mehr eklektischen Glaubensformen zum Einsatz. Immer mehr Talismane und Anhänger mit Heiligen, Engeln oder Symbolen des Göttlichen werden in das 150-Perlen-System des katholischen Rosenkranzes eingewoben. Zur Feier des Weiblichen enthalten Rosenkränze der Großen Göttin beispielsweise Perlen und Amulette mit vergrößerten Brüsten und Oberschenkeln. Auch verschiedene Farben dienen der Verehrung der Göttin in ihren drei Aspekten – Weiß für die Jungfrau, Rot für die Mutter, Schwarz für die alte Frau.

Gebetsketten an Rückspiegeln von Autos können eine ähnliche Funktion wie an Eseln und Kamelen angebrachte Stricke haben, die das Leben des Eigentümers schützen und den bösen Blick abwehren sollen.

REGISTER

DANKSAGUNG

Carroll&Brown Limited möchte folgenden Personen danken:

Karol Davis, Nigel Reed, Paul Stradling, Sandra Schneider, Madeline Weston.

Der Text für die Kapitel 1–6 basiert auf Gray Henrys Video *Beads of Faith* (© Fons Vitae 2000), Fons Vitae, 49 Mockingbird Valley Drive, Louisville, KY 40207, USA;

Ich hoffe aufrichtig, dass die Bilder und Passagen aus meinem Video *Beads of Faith*, die auch als Anregung für die Zusammenarbeit mit Susannah Marriott dienten, vielen hilfreich sein können, die um ein tieferes Verständnis von spirituellen Mitteln und Methoden bemüht sind. Das Beten des Rosenkranzes hat mir wie »ein Seil, das Gott einem Ertrinkenden zuwirft«, geholfen – auch bei einer so schlimmen Prüfung wie einer Körperlähmung. Mein Rosenkranz erinnert mich auch an die Segnungen der Natur, guter Freunde und von Heiligtümern. Mögen wir mit Hilfe der wertvollen Gebetsketten alle der Präsenz des Göttlichen etwas näher kommen und unsere Herzen läutern.

Virginia Gray Henry

Susannah Marriott möchte dieses Buch ihren Töchtern Olive und Stelle widmen und Gray für ihre Inspiration und Einsicht danken. Tiefer Dank an: Reverend Dr. Rowan Williams, Erzbischof von Wales und Bischof von Monmouth; William Stoddart; Bischof Kallistos Ware; Rama Coomaraswamy; Michael Fitzgerald; Tenzin Bob Thurman; Ramachandran; Herrn TP Vinayaka Rao; Prof. KS Kannan; N Srinivasa Murthy; Herrn Petit-Pierre Bugnion; Rasa Sha; Schwester Brigit-Carol; Raven Silverwing; Lynna Dhanani; Perlenmuseum, Glendale, Arizona; Nachlass Paula Giese; Dank schließlich allen bei Carroll and Brown, besonders Anna Amari-Parker für ihre Hingabe und Begeisterung bei diesem Projekt.

Zitatnachweise:

Rabbi Yerachmiel Askotzky, S. 48; Sri Swami Sivananda, S. 67; Reverend Ido Miyahara und Graig Bratcher, S. 79; Wallullah al-Dahlawi aus Dr. Muhammad Hamidullahs *Introduction to Islam*, S. 89; Noorallah G. Juma und *The Name and the Named* (Fons Vitae) von Shaykh Tosun Bayrak, S. 92–93; Schwarzer Elch aus Michael Fitzgeralds *Yellowtail: Crow Medicine Man and Sun Dance Chief* (University of Oklahoma Press), S. 101. Jeder Versuch wurde unternommen, die Abdruckgenehmigung für urheberrechtlich geschütztes Material zu erhalten. Herausgeber und Autoren bedauern mögliche Auslassungen, die völlig unbeabsichtigt wären, und werden gegebenenfalls jede nötige Korrektur in zukünftigen Ausgaben dieses Buches vornehmen.

KONTAKTADRESSEN

Kontaktadressen zum Erwerb von Gebetsketten und Zubehör:

Katholische Rosenkränze: www.rosaryworkshop.com; www.rosaryshop.com

Orthodoxe Rosenkränze:
   www.home.earthlink.net/~haywoodm/PrayerBeads.html

Anglikanische und episkopalkirchliche Rosenkränze:
   www.solitariesofdekoven@juno.com;
   www.home.earthlink.net/~haywoodm/PrayerBeads.html

Keltische Rosenkränze: www.celtic-rosary.com

Tefillin: www.STAM.net

Buddhistische und hinduistische *Malas*: www.khandro.net; www.fourgates.com;
   www.tiger-tiger.com; www.rudraksha.co.uk

Tasbih: www.halalco.com

Indianische Perlenstickerei: www.berrybeadwork.com;
   www.Antiques-Internet.com; www.ancientwayswest.com

Komboloi: www.worryknot.com; www.komboloi.gr

Kraftperlen: www.sacredgems.com

Göttinnen-Perlen: www.CindyCraigStudios.com

Bildnachweis:

Schutzumschlag: (vorne) Gray Henry; (Rückseite oben links) Lawrence Manning/Corbis; (Rückseite oben rechts) Gray Henry/Brynn Bruijn/Aramco World; (Rückseite unten) Gray Henry;
S. 1 in Richard L'Anson/Lonely Planet Images (LPI); 2 Gray Henry/Sultan Ghalib al-Quaiti; 8–9 World Religions Photolibrary; 11 The Art Archive (AA)/Museo di Castelveccchio Verona/Dagli Orti; 13 Paul of Gethsemane; 14 Chris Mellor/LPI; 16–17 Richard L'Anson/LPI; 18–19 Paul A. Souders/Corbis; 21 Gray Henry; 24 AA/Galleria Brera Milano/Dagli Orti (A); 32–35 Gilda Pacitti; 36 Paul A. Souders/Corbis; 43 World Religions Photolibrary; 44 Getty Images; 46–47 Paul Doyle/LPI; 49 E.&E. Picture Library/S. Kahlon; 51 AA/Israel Museum Jerusalem/Dagli Orti; 52 David Tumley/Corbis; 55 Ted Spiegel/Corbis; 58–59 Lawrence Manning/Corbis; 61 Richard L'Anson/LPI; 65 Sara-Jane Cleland/LPI; 72–75 Gray Henry; 76 Jules Selmes; 77–80 Gray Henry; 81 Cheryl Conlon/LPI; 83 Gray Henry; 84 Jules Selmes; 86–87 Dave Bartruff/Corbis; 88 Gray Henry; 89 Gray Henry/Sultan Ghalib al-Quatti; 90 Gray Henry; 91 Gray Henry/Brynn Bruijn/Aramco World; 94 Gray Henry/Chester Beatty Collection; 95 Hans Georg Roth/Corbis; 98–99 Louis Ellen Frank/Corbis; 103 David Peevers/LPI; 104–105 Grant Smith/Corbis; 109 Mic Looby/LPI.